U0104373

文史哲學集成

鄭樑生著

中日關係史研究論集（二）

文史哲出版社印行

著者簡介：

鄭樑生，桃園縣楊梅鎮人。先後畢業於省立臺北師範學校、國立臺灣師範大學、日本國立東北大學，獲日本國立筑波大學文學博士學位。主修明史、日本史、中日韓關係史。曾任中小學教員、主任、圖書館編輯、研究所兼任教授。現任淡江大學歷史系教授兼系主任。著有《明史日本傳正補》（一九八一，臺北，文史哲出版社）《元明時代東傳日本的文獻》（一九八四，同上）《明代中日關係研究》（一九八五，同上。日文版由東京，雄山閣於同年刊行）《元明時代東傳日本的水墨畫》（一九八七，同上）等三十冊，及學術論文數十篇。

文史哲學集成 ㉔⑨

中日關係史研究論集（二）

著　者：鄭　　樑　　生

出版者：文　史　哲　出　版　社

登記證字號：行政院新聞局局版臺業字五三三七號

發行人：彭　　正　　雄

發行所：文　史　哲　出　版　社

台北市羅斯福路一段七十二巷四號
郵撥〇五一二八八一二彭正雄帳戶
電話：三　五　一　一　〇　二　八

印刷者：文　史　哲　出　版　社

實價新台幣二八〇元

中華民國八十一年一月初版

ISBN 957-547-099-0

序

本人從事中日關係史之研究迄今已逾二十寒暑，本論文集乃本人有關中日關係史研究，於最近階段的研究短篇集結而成。雖然各篇分別在不同時間撰寫，但卻都集中在漢籍東傳的蠡測及對日本文化的影響這個主題上。前五篇分別在政治、宗教、醫學、經典、軍事等各層面的東傳及其相關事宜逐一探討，最後則落實地舉出一傑出學者具體的漢學研究爲例證作總結。雖別爲六篇，而首尾貫串，一體渾成。

首篇就漢籍東傳對日本古代政治的影響舉其一例作爲討論，茲因日本自建國以來，即受中國文化之影響，其後可謂無代無之，從未間斷。故首先略述有關漢籍東傳之問題對王仁首傳《千字文》乙書作一辨證，與考察日本官方文獻所載有關漢籍東傳和日域人士學習漢籍之情形。其影響在於政治方面者，則以聖德太子爲例，乃就其所頒布之憲法條文以窺其對漢籍之瞭解和應用之情形，從而可及於其制憲之情形，參與之成員的漢學造詣等問題之探測。

第二篇係就宋元時代東傳日本的《大藏經》作一考察。佛教始於印度，東傳中國，遂盛於隋唐，適時日本亦大量吸收中原文化，佛教之東傳亦大勢所趨，而佛教之宏揚有教行、有教理。教行則重在持戒修行，教理則載於佛經。佛經集結而爲《一切經》，或稱《大藏經》。本文除簡單介紹廣開元版、北宋勅版、福州東禪等覺院版、開元寺版、杭州大普寧寺版、明代北京勅版（北藏）、南京大報寺版（南藏）、清代漢文《大藏經》（龍藏）等各種版本之《大藏經》之成書過程，與其出版情形外，對於《大藏經》之流傳日本的梗概亦有所述及。至於目前日域典藏《大藏經》之所在，則據前人之研究、調查結果，也作簡單的介紹。

第三篇論及宋元時代東傳日本的醫學與醫書。醫學是民族生存基礎之一環，宋元醫學隨著中日交通之頻繁而陸續東傳日本，醫書也因華商、華僧之東渡及日僧之來學而傳到東瀛。宋元時代中國醫書究竟有多少東傳扶桑，目前已難詳考，惟從當時留下之史料及日僧所編之圖書目錄和醫書探索其蛛絲馬跡，從可知其一豹。至於當時日人所編醫書受此一時期進口醫書之影響，只要翻閱梶原性全編纂之《頓醫抄》與《萬安方》所引用許多中國治方便可看出其梗概。就梶原在上舉書中所繪製之「五臟內景圖」、「十二脈經圖」及其〈解說〉而言，此乃根據華醫於北宋仁宗慶曆年間所繪「歐希範五臟圖」而成。而此五臟圖，實較日後杉田玄白等人據德人克魯姆士著《解體圖譜》之荷蘭文譯成之《解體新書》要早數百年。故可知那些東傳之醫書對日本當時的醫學界曾有重大的貢獻。

第四篇則探討元明時代東傳的經史子集。本文係就元明時代日僧來華留學東歸之際所携回之漢籍作一番考察。中日文化之交通和佛教之東傳有極密切之關係，禪宗東傳扶桑，其最值得注意者即爲宋代理學也隨之東傳，由此而影響日本之學術界、思想界至深且鉅。禪僧亦借理學以說禪，必通儒佛而後可。禪林既讀外典，則除《大藏經》東傳之外，經史子集亦供其需要。本文純就歷史資料層面見其一端，分爲帶書人可考者與帶書人待考者兩部分立論。

第五篇爲佚存日本的《全浙兵制考》之論述。有關明代政治、貿易等問題已有不少學者撰說立論，唯獨對於有明一代海防問題，尤其是兵制問題，則鮮少論及。本文則屬偶然之間，作者爲編校《明代倭寇史料》前往東瀛時，在東京公文書館發見明人侯繼高纂輯之《全浙兵制考》三卷（萬曆二十年，西元一五九二年序刊本），可由此書得知明代兩浙地區的兵員及各種軍器之編配制度，並可推知其他省份海防之梗概，可以說是一部非常具體而珍貴之明代兵制史料，故特爲專文介紹此書，既可彌補史籍之疏漏，復可使此一資料爲國人知悉而得引用，豈曰小補之哉。

第六篇則概述一傑出漢學者神田喜一郎之生平事蹟與其漢學研究成果簡介和對漢籍蒐藏之情形。神田博士爲日本當代研究「中國學」之翹楚，其本人於一九二九年至一九四五年間，兩度任教於今國立臺灣大學前身——日本臺北帝國大學文政學部，並於臺灣總督府兼職。在臺灣期間，曾努力於各種文獻之蒐集，對中國古籍及臺灣文獻之保存，厥功甚偉。其中洽購「烏石山房藏書」一事爲最著，該藏書目前仍收藏於臺灣大學圖書館，對館藏之充實功不可沒。本文並於其著述、治學之精神、態度、方法作一扼要之介紹，用示後學景仰效法。

以上諸篇雖獨立論說，而其中關聯之人、事、脈絡，實可相互映照，以見多豹。故裒爲一集，便於查考，並就教於方家，幸有以示正爲禱。

一九九一年十二月　鄭樑生識於淡江大學歷史學系

中日關係史研究論集(二) 目錄

漢籍之東傳對日本古代政治的影響

——以聖德太子爲例——

一、前　言

中、日兩國開始交通以來，中原文物便經由各種途徑東傳扶桑，給明治維新以前之日本的政治、思想、宗教、教育、日常生活習慣與行爲規範，以及文化上莫大影響。此乃衆所周知之事實，且已有不少學者曾經探討過這些問題而其成果亦相當輝煌。雖然如此，本文卻擬考察前此較少提及之漢籍東傳以後，對日本古代政治所造成之影響問題。①因事例繁多，今僅以聖德太子爲例，以就教於大方。

二、漢籍之東傳

漢籍之東傳日本，由來已久，可回溯到其建國初期。《日本書紀》〈應神天皇紀〉，十五年（晉武帝太康五年，二八四）八月條云：

百濟王遣阿直岐貢良馬二匹，……阿直岐亦能讀經典，即太子菟道稚郎子師焉。於是天皇問阿直岐曰：如聖汝博士亦有耶？對曰：有王仁者是秀也。時遣上毛野君祖荒田別、巫別於百濟，乃徵王仁也。其阿直岐者，阿直岐史之祖也。②

如據日本史乘的記載，阿直岐爲後漢靈帝的三世孫，他曾於應神天皇之治世，與乃子都加使主率領一批華人赴日定居，都加使主且於西晉元照元年（三〇六）奉派返國，至吳（建業地方）求「女工」、「漢織」、「吳織」等紡織工人至日。至於王仁，直到戰後爲止，日本學者均認他爲韓人。但近年宋越倫教授，卻在東京上野公園的王仁碑中發現一個事實：據王仁自稱，其先爲王鸞，鸞之後爲王狗。狗，原爲漢高祖劉邦之後裔，至百濟後始易姓。此一事實，可以說明多數日人所認爲韓人的古代東遷者，事實上均爲華人之苗裔，他們給草萊未闢的日本以高度文明的曙光。③該〈紀〉十六年二月條又云：

王仁來之，則太子菟道稚郎子師之，習諸典籍於王仁，莫不通達。故（衍）所謂王仁者，是書首等之始祖也。

《古事記》〈應神記〉則云：

故授命以貢上人名和邇（王仁）吉師，即《論語》十卷，《千字文》一卷，並十一卷，付是人即貢進。

上舉兩種史乘的記載雖如此，其說未可盡信。其因在於《古事記》雖謂漢高祖之苗裔在三世紀末應神天皇之時，自朝鮮半島之百濟攜《論語》十卷，《千字文》一卷赴日，《日本書紀》卻未言王仁自三韓將漢籍東傳扶桑，而僅言其太子菟道稚郎子習諸書於王仁而已。設《日本書紀》之紀年可以信之不誣，則《論語》在三世紀末已成書，其東傳固無問題，但現行《千字文》之是否與《論語》同時東傳實不無商榷之餘地。因現行《千字文》乃梁（五〇二～五七）周興嗣所撰，其成書在六世紀。《千字文集註》〈序〉云：

> 晉武帝承魏之後，始在路州城。大夫鍾繇，造得此文，上天子。帝愛不離手。晉被宋文帝逐，移向丹陽避難。其《千字文》在車中。路逢雨，車漏，濕《千字文》。行至丹陽，藏書篋中。晉治天下，得十五帝，共一百五十年。宋文帝劉裕，承位治天下，開晉帝書庫，中見此《千字文》。雨亂損，失其次第。使右將軍王羲之次韻，不得。宋帝治天下，凡六十年。齊承位治丹陽，亦無人次得。齊七帝治三十年。梁武承位，乃命周興嗣次韻，得《千字文》云。

可證。《千字文集注》〈序〉乃梁人李暹所作，其距三世紀末已有二百餘年之久，故現行《千字文》之東傳，最早也要在六世紀以後。假如《古事記》的記載信而有徵，則其所指之《千字文》應爲鍾繇之所造，因奈良東大寺所典藏之文獻〈東大寺獻物帳〉紀謂：「王羲之書卷五十一眞草千字文二百三行」故也。

日方文獻所紀漢籍東傳的時期雖如此，竊以爲在菟道稚郎子隨王仁習漢籍之前，中國圖書應早已東傳扶桑，蓋因秦、漢末年中原板蕩之際，曾經有大批漢人東渡扶桑，而被日人稱爲秦氏、漢氏，而他們也在當時的日本政府曾供要職，則那些華人知識分子之於其東渡之際，亦必攜帶漢籍前往，在異鄉所過日常生活中仍以漢字來表達己意，自屬必然。因此，我們可認爲《日本書紀》或《古事記》所記載者，乃係指漢籍之由日本官方輸入之始，其途徑則經由三韓。所以其由民間東傳者，應較官方為早。至於當時由民間東傳的內容，因缺乏史料典據，則不可得而知之。

我國五經博士之設，始自前漢武帝建元五年（前一三六），④至梁武創業，梁愍其弊。天監四年（北魏正始二年，五〇五），乃召開五館，建立國學，總以五經教授，置五經博士各一人。⑤此一制度旋為百濟所仿，自梁敦聘毛詩博士以宏揚彼邦之經學。⑥未幾，百濟的學官已明白的稱為五經博士或專經博士，更有專業博士的出現。這些博士的出現包括兩方面，一是派往日本，並在彼邦建立輪番制度；一是從中國聘請。所以百濟於天監十二年朝貢日本時，乃使其五經博士段楊（陽）等人隨之。⑦三年後的梁武帝天監十五年（繼體天皇十年，五一六）九月，則有漢高安茂買棹東航。迄至梁元帝承聖二年（欽明天皇十四年，五五三）六月，當日本遣內臣使於百濟時，醫、易、曆等博士自百濟赴日而遞相往來於其兩國之間，日本從而獲得卜書、曆書以及種種藥物。⑧翌年二月，百濟遣下部杆率將軍三貴，上部奈率物部烏等乞救兵之際，則以五經博士王柳貴代固德馬丁安，僧曇惠等九人代僧深等七人東渡；別奉敕貢易博士施德王道良，曆博士固德王保孫，醫博士奈率王有㥄陀，採藥師施德潘良豐，固德丁有陀，樂人（施）德三斤，秀德己麻次，季德進奴，對德進陀等人。⑨此一事實證明我國經學在六世紀初已被日本作有系統的移植，而漢高安茂之赴日，實意味著百濟當時的經學之研究方法非僅直接師承中國，而且將它直傳日本。所以古代日域人士不但經由韓人學習中國文化，也還直接向中原人士學習經學。⑩

如據《新撰姓氏錄》的記載，則在欽明天皇（五三九～五七一在位）之治世，百濟的和樂使主曾齎內外典、藥書、《明堂圖》等百六十四卷赴日，其子善那使主，則於孝德天皇（六四五～六五四在位）時持《本方書》一三〇卷，《明堂圖》一卷前往日本。又如據《日本書紀》所紀，則在敏達天皇（五七二～五八五在位）時，百濟國王曾獻經論若干卷，幷律師、比丘尼、咒禁師、造佛工、造寺工六人被安置於難波大別寺。崇峻天皇元年（五八八），則以善信尼付百濟國使恩率首信等發遣學問，越明年三月東返。至推古天皇十年（隋文帝仁壽二年，六〇二）冬十月，百濟僧觀勒貢曆、天文、地理幷遁甲、方術之書，乃選書生三四人學於觀勒，而陽胡史祖玉陳習曆法；大友村主高聰學天文、遁甲；山背臣日並立學方術而皆以成業云。五年後（隋湯帝大業三年，六〇七），則遣其大禮小野妹子（蘇因高）來華。明年返國時，隋使裴世清一行十二人隨之赴日。同年九月，世清返國時，則復以小野妹子爲大使，吉士雄成爲小使，並遣倭漢直福因、奈羅譯語惠明、高向漢人玄理、新漢人大國、學問僧新漢人日文（旻？）、南淵漢人請安、志賀漢人惠隱、（新）漢人廣齊等八人來華留學。這批留學生、留學僧於學成歸國後，在大化革新（六四五）時，均曾扮演重要腳色。十八年春三月，則高麗王貢上僧曇徵、法定等人，而前者知五經，且能作彩色及紙墨。

以上係就日本官方文獻所紀有關漢籍之東傳與夫日域人士學習漢籍的情形，但當時不經由官方進口的漢籍及漏列的圖書必不在少數。但無論如何，如果根據這些事實，則即使沒有當時東傳扶桑的漢籍目錄存在，亦不難推知我國圖書曾經不斷的被日本輸入。又，當我們披閱中國正史與《日本書紀》

等，則除上述者外，日本大和朝廷曾再三分別派遣使節來華，及赴三韓之地學習、移植中原文化，並將華夏文物與伎樂舞等移植彼邦，而華人也不時隨其使節或留學生、留學僧赴日，將中國文化傳播於東土。⑪不過得注意的是較早期的中原文化多經由三韓東傳，七世紀以後方纔由大陸作大規模的移植，此種現象應與當時海上交通的發展有密切的關係。

三、聖德太子對漢籍的理解及其應用

中國圖書既已不斷東傳扶桑，則當時的日域人士對它們的理解情形如何？因身邊資料有限，僅擬以厩戶皇子（五七四～六二二）爲例以明其概。

厩戶皇子之全名爲厩戶豐聰耳皇子，乃用明天皇（五八五～五八七在位）之次子，亦稱上宮王。曾爲其伯母推古天皇（五九二～六二八在位）之攝政，整頓內政與外交，定十二階官位，頒佈〈憲法十七條〉，且一再遣使來華，致力引進華夏文化而頗有績效。諡號聖德太子。《日本書紀》謂他曾習內教於高麗僧慧慈，學外典於覺哿，並悉達矣！⑫則他所讀漢籍必多，造詣亦深。就以他所撰述現存資料之爲卜部兼方《釋日本紀》（國史大系本）所引，《伊豫風土記》〈湯岡碑文〉言之，該〈碑文〉所謂：「惟夫日月照於上而不私，神井出於下無不給」之典據，應是《禮記》〈孔子閒居〉所謂之：「天無私覆，地無私載，日月無私照。奉斯三者以勞天下，此之謂三無私。」其「萬機所以妙應……無偏私」之句，則出《尚書》〈西伯戡黎〉的「無偏無黨，王道蕩蕩；無黨無偏，王道平平；無反無側，王道正直。」─「意與才拙，實慚七步」之句，則很明顯的係指陳思王曹植〈七步詩〉之故實，而與《文選》卷六〇，任彥昇〈齊竟陵文宣王行狀〉所謂：「陳思見稱於七步」有關。則聖德太子不僅能引用經書之句，而且對《文選》亦有相當之理解。⑬

且說日本古代朝廷的勢力，在五六世紀前後已逐漸增大，其各勢豪之間且有互相傾軋、排擠之事實。自大伴金村因經營朝鮮半島失敗，受物部尾輿之彈劾而失位⑭後，蘇我氏與物部氏之兩大勢力，乃分別合併各弱小氏族以擴充佃莊，來加强自己勢力。結果，此兩氏便始終處於敵對立場，而糾紛不已。在此情形下，蘇我氏遂與其有姻親關係之厩戶皇子結合以打倒物部氏。當用明天皇之妹推古即位以後，厩戶就被選爲攝政，在群臣協力之下，銳意圖謀以天皇爲中心之統一的安定勢力。當時的日本因朝鮮問題與新羅對立而始終處於劣敗地位。迄至欽明天皇之時，終於喪失前此在朝鮮半島所佔據的土地，其在半島南部的植民地任那（Mimana），⑮也在五六二年滅亡。之後，雖有圖謀恢復其在半島上的既得利益之舉動，卻徒勞無功。在此一時期，大陸的隋朝與半島上的新羅都已分別統一其分裂局面，各自雄踞一方。日本處於這種國際環境的刺激下，自然不得不圖謀自强以求適應。於是乃欲以其逐漸加强的勢力爲基礎，從事政治改革以確立其統一國家的理想，⑯其肩負此一大責重任的就是聖德太子。

如前文所說，聖德太子所實施新政的主要對內措施爲定冠位，與頒佈憲法。冠位定於他擔任攝政後不久的推古天皇十一年（隋文帝仁壽三年，六〇三）十二月戊辰朔壬申，翌年春正月戊戌朔始賜冠位。聖德太子實施新政以前的日本職官，係根據其氏姓制度⑰而來。此一制度下的姓屬於氏而以世襲爲原則。因那些氏的氏上（ujinokami）多在政府供職，故其地位亦爲世襲。其缺點就是不能人盡其才，不能開登用人材之門。於是聖德太子乃革往日陋規，採取按各人勳功之大小，分別授與適當位階的辦法。且以冠色之不同，來表示某一官員的地位之高下。此冠位屬於個人而止於一身，故能消除門第佔據官職之弊而唯材是用，其意義重大。其冠位共分十二級，以陰陽家之五行思想爲其根據。亦即以陰陽家五行之木、火、土、金、水配以仁、禮、信、義、智，而以德字加以統攝。亦即准五行而用德、仁、禮、信、義、智六個字作冠位名稱，各分以大小，共得十二階位。⑱而此德目之根據五行思想，可由聖德太子的傳記集——《上宮聖德法王帝說》所謂：「准五行定爵位也。」及《聖德太子傳略》所謂：「太子始製五行位，……德攝五行也，故置頭首。」獲得佐證。

聖德太子定此十二官階時所選用之名稱雖未必完全出自他個人之主意，卻可由此得悉那些在廟堂者對中國的五行思想已有某種程度之瞭解。如據董仲舒《春秋繁露》「五行相勝」的說法，則五常的次第爲仁、義、禮、智、信，而其所配之五行爲木、金、水、火、土。又如據鄭玄《中庸註》則禮配以火，而智配以土。而聖德太子用於冠位的德目之排列方式，則是根據班固之說而來。⑲太子的此一措施，很明顯的欲將其朝廷的人事制度組織化，以中國人日常所重視之德、仁、禮、信、義、智六個德目來支配其政治思想，以達成其自強之目的。

聖德太子在推古天皇十二年夏四月丙寅朔戊辰頒佈的〈憲法十七條〉，其適用對象並非日本全國的人民，乃是對其朝廷公卿及其所屬官吏所要求之政治道德——行爲規範。並且在其簡潔條文之中，敘述統一國家之觀念，道德政治之理想，君臣民應有之形態等。⑳而其企圖統一的理念洋溢於其字裡行間。此十七條憲法條文，係用漢文撰寫的，其內容所受儒家思想，釋家宗義，刑名法家之說的影響頗深，且强調以其天皇爲中心的國家意識。十七條文共百八十句中，四字句居多而佔百四十四句，宛然有律語之趣。文章品致簡奧奇峭，蔚然古色，有漢魏遺風。它們不但成爲稍後實施的大化革新（六四五）之政治理想，也給日後所編纂之法典以重大影響。茲以其若干條文爲例說明之。

第一條曰：「以和爲貴，無忤爲宗。人皆有黨，亦少達者。是以或不順父，乍違于鄰里。然上和下睦，諧於論事，則事理自通，何事不成？」第四條則曰：「群臣百寮，以禮爲本；其治民之本，要在乎禮。上不禮而下非齊；下無禮則以必有罪。是以群臣有禮，位次不亂；百姓有禮，國家自治。」禮爲調節人與人之「度量分界」，以「位」以「階」定人與人相處之秩序。甲之行爲有「度量分界」乙之行爲亦有「度量分界」，兩者各依其「度量分界」而相安，是謂之「和」。㉑有子曰：「禮之用，和爲貴，先王之道，斯爲美，小大由之。有所不行，知和而和，不以禮節之，亦不可行也。」㉒先王之道，既以和爲貴，爲美，則事無大小，悉依照而行。如此則人之親疏等級的界限方能加以節制，方能足以止亂，足以自立。㉓孔子以臨朝，臣拜於下爲敬，拜於上則慢，爲不可也。㉔禮在人與人之間，尤其在官場之間既如此重要，而聖德太子又能以之規範他的臣工，可謂已領略聖人旨意而用心良苦。其第一條所謂：「以和爲貴」，當係出自《論語》〈學而篇〉之「禮之用，和爲貴」，或《禮記》〈

儒行篇〉之「禮之用，以和爲貴。」「上和下睦」之句，則可能出自《論語》，或《孝經》所謂「民以和睦，上下無怨。」或原原本本的引用《千字文》「上和下睦」之句。其第四條所謂之「其治民之本，要在乎禮」，則可能出自《孝經》「安上治民，莫善於禮」；「上不禮而下非齊，下無禮則以必有罪」之句，則可能來自《論語》〈爲政篇〉之「道之以刑，齊之以禮」之句，或《韓詩外傳》之「上無禮則不免乎患，下無禮則不免乎刑。」

佛教之從中國經由三韓傳至扶桑的年代有二說：一在我國南朝梁武帝大同四年（欽明天皇七年，五三八），一在梁元帝承聖元年（欽明天皇二十一年，五五二），孰是孰非，迄今尙無定論。但無論如何，此當係指其由官方正式移植東瀛的時期，而佛教之自印度傳至華夏，在漢朝已有這個事實。所以當漢末戎馬倥傯之際，華人大舉移居彼邦之時，自必有人將佛法傳至彼邦而殆無疑問。佛教東傳日本以後，曾經歷若干波折方纔被正式接受，並經其用明、推古兩天皇及聖德太子之保護，方得興盛起來。㉕聖德太子不僅保護佛教，他本身也對佛理有相當研究，而且著有《勝鬘經》、《維摩經》、《法華經》等義疏而合稱《三經義疏》。㉖由於他本身對佛理之造詣深，又對佛教採取保護措施，故亦要求其臣工能夠尊崇佛法，而在其第二條曰：「篤敬三寶，三寶者，佛、法、僧也。則四生之終歸，萬國之極宗。何世何人，非貴是法？人鮮尤惡，能教從之。其不歸三寶，何以直枉？」

以上係就聖德太子所撰文字，及其所頒佈之憲法條文來試探他對漢籍之瞭解與其應用之情形。就其憲法而言，雖未必都出於他個人之手，但至少可以瞭解，當時日本朝廷人士對漢文的造詣情形，而或有華人參與草擬其條文者。但無論如何，我們卻可由那些條文得知它們所根據的漢籍有《論語》、《孝經》、《易》、《尚書》、《詩》、《左傳》、《周禮》、《禮記》（〈中庸〉）、《韓詩外傳》、《白虎通》、《千字文》、《文選》（〈命運論〉、王儉〈褚淵碑文〉、曹植〈任城誄〉、〈賢良策〉）、《史記》、《漢書》、《後漢書》、《孟子》、《韓非子》、《楚辭》、〈出師表〉、〈李尤轡銘〉、《荀悅論》、《三略記》、《顏氏家訓》、《五行大義》、《管子》、《墨子》、《莊子》、《漢官儀》、《說苑》、《淮南子》、《呂氏春秋》、《玉篇》、《筆疇》、《通要》，以及各種佛書。㉗由此亦可以瞭解上舉各書在七世紀初已東傳日本，並且被熟讀而被應用於其官方文獻之中。

四、聖德太子後的漢學之發展

如據《舊唐書》、《日本書紀》、《續日本紀》等史乘的記載，前文所提日方派遣來華的留學僧惠雲、惠隱於唐太宗貞觀十三年（舒明天皇十一年，六三九）九月東歸。翌年十二月，則有留學僧南淵請安，留學生高向玄理返回日本。五年後的貞觀十八年（皇極天皇三年，六四四）正月，則其中大兄皇子（天智天皇）與中臣鎌子連（藤原鎌足）「俱手把黃卷，自學周孔之教於南淵先生所。」孝德天皇「爲人柔仁好儒」，以留華回國之僧旻及高向玄理爲其國博士，以爲推行革新政治之原動力。貞觀二十二年（孝德天皇白雉四年，六五三）五月，則於其以吉士長丹、吉士駒、高田根麻呂、掃守小麻呂等爲遣唐使來華之際，使其學問僧道嚴、道通、道光、惠施、覺勝、辨正、惠照、僧忍、知聰、道昭、定惠、安達、道觀，留學生巨勢臣藥、冰連老人等百二十一人，並送使及學問僧道福、義向等百二十人，共二百四十一人來華，而其中有若干歿於唐或亡於海難。㉘明年二月，則以高向玄理、河邊麻呂、藥師惠日等人爲使節來華。其中玄理於覲見高宗後不久卒於長安。㉙其於前此一年來華的西海使吉士長丹等人，則於本年七月東返之際，「奉對唐國天子，多得文書、寶物。」㉚

及至高宗顯慶四年（齊明天皇五年，六五九）七月，則派坂合部石布、津守吉祥、伊士博德一行來中原學習盛唐的各種文化。麟德三年（天智天皇四年，六六五）九月，高宗曾遣劉德高、郭務悰等一行二百五十四人使日。劉、郭一行返華之際，日方又遣其守大石、坂合部實積、吉士岐彌、吉士針間等人隨之西來長安。而高宗也於總章二年（天智天皇八年，六六九），復以郭務悰爲使，以二千餘人之龐大隊伍赴日。㉛其後，日本也一再遣使來華，至唐末爲止。此一事實證明隋、唐時代的中、日兩國間之官方來往不但很頻繁，而且當時所東傳的中華文物也不在少數。此可由現存奈良東大寺正倉院的文物中窺見其端倪。職是之故，此一時期輸出日本的漢籍必多，而那些書籍也必成爲彼邦上層階級人士所必讀者。此事可從其大化革新之際所定學制中，將漢籍作爲教科，且必須讀通若干種經書方纔有資格進入仕途之事實獲得佐證。與之同時，日本政府也在其中央設大學寮，地方則設國學以培養人材，而以儒家經籍來施教。《懷風藻》〈序〉云：

及至淡海先帝（天智天皇）之受命也，恢開帝業，弘闡皇猷，道格乾坤，功光宇宙。既而以爲

調風化俗，莫向於文。潤德光身，孰先於學？爰則建庠序，徵茂材，定五禮，興百度。憲章法則，規模宏遠，夐古以來，未之有也。㉜

結果，非僅其天智天皇「好學能文，明習治體」，其子大友皇子（弘文天皇）也「博學通古，有文武幹才。」其在上者之情形如此，則當時彼邦人士對漢學的修養必已有相當基礎。

如據文武天皇（六九七～七〇七在位）於其文武四年（唐睿宗嗣聖十七年，七〇〇），命其刑部親王、藤原不比等等人據《飛鳥御原令》擴充、整理而成，現今散見於《令集解》之《大寶律令》所規定的學制，則其大學寮與散位㉝寮同屬於其式部省，職官有：頭、助、允、屬四個等級，及史生、仕丁、直丁等。教官則有博士一人、助博士、音博士、算博士、書博士各二人。學生則除經學生外，尚有算學生三十人，書學生若干人。博士是「明經，堪爲師者」，故與唐之明經相仿。至其大學寮之入學資格，則是十三歲以上，十六歲以下的，五位以上者之子弟，與東西史部之子弟之聰明伶俐者。他們經由式部省遴選入學。其六位至八位之同年齡子弟，則可以請願方式加入學習行列。其國學之入學資格雖規定爲郡司之子弟，但如有餘額，布衣子弟亦可進去就讀。其在國學結業而申請就讀大學寮的，原則上能獲同意，故當時的日本平民子弟之入大學寮讀書，並非完全不可能。

唐代國子監的職官有祭酒、司業、丞、主簿、錄事；學校則有國子監、太學、四門學、律學、書學、算學（後有廣文），而前三學之課程以經學爲主。其入國子監就讀者爲三品以上的文武大官之子弟，太學爲五品以上子弟，四門學爲七品以上官員及平民之子弟，算學則以文武八品以下官員與平民之子弟。由此觀之，上述日本古代的學校制度，其名稱容或與唐不同，規模容或不及唐大，但其組織與其教科內容，應是模倣唐制而爲。㉞

學校既設，則其學習漢學者必然增多，並且又曾經不斷派遣學僧、學生來華學習，故其學習漢文便蔚爲風氣。現存的此一時期之作品有爲紀念聖德太子前往伊豫國道得溫泉（四國松山市）而作之碑文，它作於推古天皇四年（隋文帝開皇十六年，五九六）聖德太子二十三歲時。如前文所說，此碑文原載於《伊豫國風土記》，爲卜部兼方引用於其《釋日本記》中。此外，又有經由百濟之百加、陽古兩位博士於同年撰寫的〈元興寺露盤銘〉，和撰述於該天皇三十一年（唐高祖武德六年，六二三），而刻於奈良法隆寺金堂所奉祀釋迦光背之〈釋迦三尊像記〉；在長谷寺則有〈千佛多寶佛塔銅板銘〉等。而《日本書記》、《續日本紀》等史乘所錄之日皇詔敕，則受四言詩之影響而詞語簡潔，㉟其紀唐僧鑑眞東渡之經過的淡海三船之《唐大和上東征傳》，係以漢文書寫。㊱至前文所提，在八世紀編輯的漢詩集——《懷風藻》，則受六朝、唐朝之影響而値得注意。

迄至平安時代（七九四～一一八五）初期，則以其嵯峨天皇（八〇九～八二三在位）爲中心，出現中國近體詩之全盛時代。此一時期相當於盛唐、中唐，而李白、杜甫、白居易等人之詩集已東傳彼邦，給予其士人莫大影響。當時的著名詩人，除平城、嵯峨、淳和三天皇外，尚有小野岑守、篁父子，菅原清公、是善父子，藤原冬嗣、滋野貞主、良岑安世、有智子內親王、㊲釋空海等人。而其敕撰《凌雲集》、㊳《文華秀麗集》、㊴《經國集》、㊵等三部漢詩文集，竟於十餘年之中相繼問世，可見當時此一方面的作品之多。空海曾於唐德宗貞元二十年（桓武天皇延曆二十三年，八〇四），隨其遣唐使藤原常嗣來華，越明年回國，著有《遍照發揮性靈集》、㊶《文鏡秘府論》、㊷《文筆眼心抄》㊸等。當時的作家，除遣詞造句的技巧外，也逐漸顧及意境之表現。結果，四六駢儷之體遂興。然當九世紀末停派遣唐使，假名之使用普及以後，和歌便逐漸步上興隆之途，漢詩文就逐漸式微而有待其五山禪僧來振興了。

五、結　語

由上述可知，自從中、日兩國開始交通以後，漢籍便不斷東傳日域。開始時，係經由三韓，後來則直接從中原進口。其經手者則有華人、日人及韓人。其東傳方式容或有異，對日本所造成之影響則一。而漢籍之東傳，不僅成爲日域人士必讀之書，也成爲有志於宦途者之敲門磚。而無論在政治上、文化上，以及日常生活上都可以見到這種影響而一直繼續到現在。由於當時能夠進入大學或國學讀書的，都是中央貴族或地方官員之子弟，平民子弟之能入學的則絕無僅有。因此，當時執日本漢學之牛耳的是中央貴族。然自鎌倉時代（一一八五～一三三三）以後，因武士政權形成，公卿便完全被摒除於政治圈外。且隨時代之推移，其賴以生存的莊園也因受武士之蠶食而幾瀕於瓦解。在此情形下，他們僅靠自己權威以保持、管理古典文化者的身分，勉强維持自己的地位而已。㊹此一事實促使他們懷古的精神昂揚，乃從事日本學之古典與「有職故實」㊺之注釋與研究，從而步向所謂之「和學」，在保存日本古典文化方面完成值得重視的使命。㊻因此，日本中世的公卿所爲學術與文學，未曾逸出繼承、保存其古代文化傳統之域，致創造精神萎縮，而其漢學地位便完全爲五山禪僧所取代了。

【註　釋】

①：漢籍東傳日本以後，雖也對彼邦之天文、曆法、陰陽五行、醫學、漢文學、法律、美術、工藝、建築及其他各方面造成影響，但這些問題均非本文所要討論者，故略而不談。

②：《續日本紀》（一九八六，東京，吉川弘文館，新訂增補，國史大系本），卷四〇，〈桓武天皇紀〉，延曆九年秋七月乙丑朔辛巳條紀圖書頭從五位上兼東宮學士左兵衛佐伊豫中津連眞道等人所上之表文云：「眞道等本系出自百濟國貴須王。……輕島豐明朝御宇，應神天皇命上毛野遠祖荒田別使於百濟搜聘有識者。國主貴須王恭奉使旨，擇採宗族，遣其孫辰孫王（一名智宗王）隨使入朝。天皇嘉焉，特加寵命，以爲皇太子之師矣！於是始傳書籍，大闡儒風。文教之興，誠在於此。」表文中所謂辰孫王，究竟是否爲王仁之別名，抑或另有其人，今已無可考。

③：宋越倫，〈所謂歸化漢人在日本古代史中所佔之地位〉（收錄於「PROCEEDINGS OF THE CONFERENCE ON SINO-KOREAN-JAPANESE CULTURAL RELATIONS」，一九八四，臺北，太平洋文化基金會）；《中日民族文化交流史》（民國七十六年，臺北，正中書局，臺初版第四次發行），頁二八。

④：《漢書》（百衲本）卷六，〈武帝紀〉建元五年春月條云：「置五經博士。」

⑤：《南史》（百衲本）卷七一，〈儒林傳〉。

⑥：《三國史記》（一九八〇，漢城，乙酉出版社，再版）卷二六，〈百濟本紀〉第四，武寧王十九年條云：「王遣使入梁朝貢，兼表請毛詩博士、涅盤等經義，幷工匠、畫師等。從之。」

⑦：《日本書紀》（一九八六，東京，吉川弘文館，新訂增補國史大系本）卷一七〈繼體天皇紀〉，七年夏六月條云：「百濟遣姐彌文貴將軍、洲利即爾將軍，副穗積臣押山貢五經博士段楊（陽）爾。」請參看高明士，《唐代東亞教育圈的形成——東亞世界形成的一側面》（一九八四，臺北，國立編繹館），頁二七二～二八六。

⑧：《日本書紀》卷一九，〈欽明天皇紀〉十四年六月條。

⑨：《日本書紀》卷一九，〈欽明天皇紀〉十五年二月條。

⑩：井上順理，《本邦中世までにおける孟子受容史の研究》（一九七二，東京，風間書房），頁二三。

⑪：請參看《日本書紀》卷二〇，〈敏達天皇紀〉元年五月，六年十一月；卷二二，〈推古天皇紀〉十年十月，十五年七月，十六年四月、九月，十七年九月，十八年三月，二十年，二十二年六月，二十八年，三十一年七月；卷二三，〈舒明天皇紀〉二年八月，四年八月各條之相關記載。

⑫：《日本書紀》卷二二，〈推古天皇紀〉元年四月條。

⑬：請參看井上順理，前舉書頁三〇～三一。

⑭：日本自仁德天皇以後，由於皇位繼承問題而起的皇室之內訌，與因豪族之專權而起的國內政治之動搖，派往朝鮮南部的官吏便各爲其黨而爭，故無法使其軍事、外交的步伐一致。而大伴金村之將任那的四個縣邑分割給百濟，致引起任那之怨懟，及其本國人士之責難，即在此一時期。大伴金村乃日本古代的中央豪族，五世紀末起至六世紀中葉的武烈、繼體

、安閑、宣化、欽明五朝之大連。金村時代爲大伴氏的極盛期。欽明朝時，因經營朝鮮半島失敗，受物部氏之彈劾而失位。自此以後，大伴氏的勢力便一蹶不振。

⑮：相傳自三世紀至六世紀頃，被納入日本大和朝廷之勢力範圍，而位於朝鮮半島南部的地區之總稱。舊屬弁韓之地，首見於高句麗之〈廣開土王碑文〉。其所能控制的範圍，面積最大的時候是從慶尚南道西半起，至全羅南、北道的整個區域。自古以來，此一地區爲樂浪、帶方兩郡之接駁處。故從四世紀中葉起，大和朝廷即遣大軍佔據舊屬弁韓之地，置官家（miyake）以爲統治此一半島之軍事據點。日本府（Yamatonomicotomochi）則爲其統治機構。當時，此一地區成爲日本朝廷之重要財源而受重視。然在五世紀以後，因其國內政治發生動搖，而新羅、百濟又逐漸茁壯，結果，其勢力便被逐漸逼退而終於五六二年滅亡。

⑯：《上宮聖德法王帝說》。

⑰：氏乃根據血緣的原理組成之同族集團。日本古代的統治階級之單位。由其立於族長地位之家族以氏的首長身分，統轄包含直系、旁系的血緣或非血緣關係的氏人（ujibito，氏上以外的一般成員）。氏的經濟基礎是它所擁有的部民與田莊（tadokoro）。其在首都附近的有財勢之氏，乃以其天皇爲中心組成大和朝廷，世襲某一固定的政治地位，而逐漸由於其姓（kabane）制之形成，遂變成一定的秩序。大化革新（六四五）以後，氏上的統治權被否定而原則上爲其政府所吸收。但氏本身之社會機能仍被保存，而經濟特權大的律令官吏之地位卻爲其有勢力之氏所佔據。然當古代社會瓦解以後，此一制度下的氏便喪失其實質上的利益與權勢。

⑱：《日本書紀》卷二二，〈推古天皇紀〉十一年十二月戊辰朔壬申條云：「始行冠位，大德、小德、大仁、小仁、大禮、

小禮、大信、小信、大義、小義、大智、小智，幷十二階。並以當色絁縫之。頂撮摠如囊而著緣焉，唯元日著髻華。」

⑲：請參看《漢書》卷二一，〈律曆志〉第一，上；卷二六，〈天文志〉第六之相關記載，及井上順理，前舉書頁三二一。

⑳：〈憲法十七條〉的條文，教訓的辭句居多，故有人以爲它並非法律。然在古代，法律與教訓多不能判然劃分，而後世的日本史乘又均認爲它是日本國法之始，所以姑從其說。

㉑：陳式銳，《唯人哲學》（一九四九，廈門，立人書報社），頁三一。

㉒：《論語》〈學而〉第一。

㉓：《論語》〈堯曰〉第二十，「子曰：不知命，無以爲君子也；不知禮，無以立也。」

㉔：請參看陳式銳，前舉書頁五八～六〇。

㉕：請參看本書頁二三～五六所紀〈宋元時代東傳日本的大藏經〉。

㉖：請參看《大正新脩大藏經》第五十六卷，頁一、一六、三〇、六二。

㉗：請參看岡田正之，《日本漢文學史》（一九二九，東京，共立社書店），頁三七～五二；《近江奈良朝の漢文學》（一九四六，京都，養德社），頁二六。井上順理，前舉書頁三四～三六。

㉘：請參看《日本書紀》卷二五，〈孝德天皇紀〉白雉四年夏五月辛亥朔壬戌條，及秋七月條。

㉙：《日本書紀》卷二五，〈孝德天皇紀〉白雉五年二月條云：「遣大唐押使大錦上高向史玄理，大使小錦下河邊臣麻呂，副使大山下藥師惠日，判官大乙上書直麻呂，宮道阿彌陀，小乙上崗君宜，置始連大伯，小乙下中臣間人連老，田邊史鳥等，分乘二船，留連數月，取新羅道，泊于萊州。遂到于京，奉覲天子。於是東宮監門郭文舉，悉問日本國之地理及

國初之神名，皆隨問而答。押使高向玄理卒於大唐。」其雙行註則云：「伊吉博德言：學問僧惠妙於唐死，知聰於海死，智國於海死，智宗以庚寅年付新羅船歸，覺勝於唐死，義通於海死，定惠以乙丑年付劉德高等船歸。妙位、法勝，學生冰連老人、高黃金幷十二人，別倭種韓智興、趙元寶，今年共使人歸。」

㉚：《日本書紀》卷二五，〈孝德天皇紀〉白雉五年秋七月是月條云：「褒美西海使等奉對唐國天子，多得文書、寶物。授小山上大使吉士長丹以小華下，賜封二百戶，賜姓爲吳氏；授小乙上副使吉士駒以小山上。」

㉛：《日本書紀》卷二七，〈天智天皇紀〉四年九月庚午朔壬辰條云：「唐國遣朝散大夫沂州司馬上柱國劉德高等。」其雙行註則云：「等謂右戎衛郎將上柱國，百濟將軍朝〔散〕大夫〔上〕柱國郭務悰，凡二百五十四人。七月廿八日，至于對馬。九月廿日，至于筑紫。廿二日，進表函焉。」

㉜：《懷風藻》一卷。奈良時代（七一〇～八四）所輯日本最早的漢詩文集，共收錄一二〇首。唐玄宗開元十年（孝謙天皇天平勝寶三年，七五一）成書。受六朝、唐詩之影響頗深。其編者有淡海三船、石上宅嗣、葛井廣成諸說，孰是孰非，迄無定論。

㉝：散位，日本律令所定之內外諸官職。有位階，無職務，由其式部省散位寮管轄。中央的六位以下之散位輪流至散位寮，地方的散位則至國衙上班。

㉞：請參看高明士，前舉書，頁三六一～四〇五。

㉟：請參看各該史乘所錄之詔敕。

㊱：請參看《中華大藏經》〈遊方部〉所錄該《東征傳》，及鄭樑生，〈唐大和尚東征傳——中國佛教東傳的一幕〉（《書

和人》，第二七〇期。一九七五年九月十三日，臺北，國語日報社）。

㊲：內親王，指天皇之姐妹、皇女而言。從天武天皇（六六二～六七一在位）前後起，將皇子、皇女稱爲親王，其令制則稱天皇之姐妹、皇女爲內親王，而與二世以下之王作一區分。惟自奈良末期起，只對受親王之「宣旨」（傳達天皇命令之公文）者稱親王，其他則被視爲諸王。結果，皇女也比照此一辦法來處理。至其品田、食邑、時服、季祿等，則依其品秩、官職之不同而給與親王之半，且可繼承皇位。明治以後，則根據其《皇室典範》，可稱內親王者，止於皇女至玄孫女。戰後的新《皇室典範》，則侷限於皇女及嫡男系統之皇孫女可作如此稱呼。

㊳：《凌雲集》一卷，小野岑守、菅原清公等人奉其嵯峨天皇之詔敕編輯之漢詩集。唐憲宗元和九年（嵯峨天皇弘仁五年，八一四）頃成書。輯錄七八二年以後之漢詩九十一首。日本第一部敕撰漢詩集。多七言詩而受唐詩之影響頗深。

㊴：《文華秀麗集》三卷。藤原冬嗣、菅原清公等人奉其嵯峨天皇之詔敕所輯之漢詩集。唐憲宗元和十三年（嵯峨天皇弘仁九年，八一八）頃成書。其排列方式乃模倣《文選》而爲。詩之風格則模倣唐詩。收錄二十八人之作品共一四八首（現存一四三首）。

㊵：《經國集》二十卷。現存六卷。敕撰漢詩文集。良峰安世、滋野貞主等人撰。唐文宗太和元年（淳和天皇天長四年，八二七）序。收錄一七八人之詩、歌、散文等，此可表示日本在其平安時代（七九四～一一八五）初期，漢文學已臻於全盛時代。

㊶：《遍照發揮性靈集》，簡稱《性靈集》，十卷。收錄釋空海（弘法大師）之詩賦、章疏、碑銘、簡牘等。唐文宗太和九年（仁明天皇承和二年，八三五）頃成書。眞濟編。因其八、九、十卷散佚，故濟暹乃於北宋神宗元豐二年（白河天皇

承曆三年，一〇七九）重輯其遺稿，編爲《續遍照發揮性靈集補闕抄》。

㊷：《文鏡秘府論》六卷。釋空海撰。完成於唐憲宗元和十四年至十五年（嵯峨天皇弘仁十～十一年，八一九～八二〇）頃。其內容在討論四聲用法，詩之對偶、對句、格式及文章體裁等。此乃日本人有關中國詩論之第一部著作。

㊸：《文筆眼心抄》一卷。釋空海編著之漢詩文評論書，完成於唐憲宗元和十五年頃。此係《文鏡秘府論》之節錄本。

㊹：芳賀幸四郎，《中世禪林の學問および文學に關する研究》（一九八一，京都，思文閣。《芳賀幸四郎歷史論集》，三），頁三。

㊺：有職故實，有職指有關官位之升遷，職務之內容，年中行事等前例之知識。臨事時，能以最妥切方式援例處理各該事務的人叫做有識者而簡稱識者。後來有以有職爲家業之家庭而將其書如職者。自武士掌握政權以後，因朝儀之實務而以官職關係爲中心，故產生用職字較識字爲妥適之說法。有職有自平安中期前後始於藤原師輔的「九條流」，始於藤原實賴的「小野宮流」，始於源高明的「西宮流」等三大源流，而有不少相關著作問世。並且隨著武士政權的發展，在武士之間也開始重視有職。尤其在室町時代（一三三六～一五七三），有伊勢、小笠原諸氏成爲武士之有職。其在平安時代興起之有職的研究對象爲文職方面，在室町時代興起者所研究之對象則爲武職方面。而研究此一方面之學問則被稱爲「有職故實」。

㊻：同註㊸。

宋元時代東傳日本的大藏經

一、前言

中日兩國的關係，具有兩千餘年的歷史，其在日本本國未有正式歷史記載的數世紀以前，即通中國。范曄《後漢書》卷八五，〈倭傳〉所云倭「凡百餘國，自武帝滅朝鮮（元封三年，前一〇八），使驛，通於漢者三十許國。」此說可能爲中日兩國交通之始。兩千餘年來，中日之間，文化的感染、交通之頻繁、政教風俗之影響，經濟工商之交流，屢世增進，代趨發展。綜觀世界史乘，其如中日兩國關係之悠久與密切者，實不多見。①

進而言之，古代日本文化的形成，典章制度的樹立，揆諸本源，可以說是完全獲賜於中國。中國文化之被移植扶桑，其途徑與方式容或有不同，但中國的物質文明和精神文明，尤其道德文化之對彼邦的開化作用，貢獻尤大。就佛教而言，它雖從印度傳至中國，再從華夏經由三韓傳到扶桑，但傳至東瀛的釋氏之教已經漢化，其經典亦已經被譯成漢語，故日域在此一方面所受中國之影響，實遠較印度、韓國爲大而且深厚。

日本在容納佛教之前，其國內曾因接受與否之問題，在朝廷上發生過爭執，然經一段時期以後，佛教勢力竟凌駕其固有信仰之神道而成爲國教，從而蓬勃發展，贏得它絕大多數民眾之皈依。抑有進者，日域僧侶亦與其一般留華學生一樣，曾先後利用中日兩國官方與民間之船隻，不斷西來學佛，並帶回數量龐大的有關佛教之圖書，以闡揚教理、教相，爲宏揚釋教而不遺餘力。日本人士之從我國進口的圖書當然並不侷限於此一方面，惟有關外典東傳的問題在此姑且不談，只以諸前賢之研究成果爲基礎，來考察佛氏關係經典中之《大藏經》東傳的情形。

二、佛教東傳日本的經緯

佛教之從中國經由三韓傳至扶桑的年代有二說，一在我國南朝梁武帝大同四年（宣化天皇四年，五三八），二在梁元帝承聖元年（欽明天皇十四年，五五二），孰是孰非，迄今尚無定論。但無論如何，此當係指其由官方正式移植東瀛的時期，而佛教之自印度傳至華夏，在漢朝已有這個事實，所以當漢末中原板蕩之際，華人大舉移居彼邦之時，自必有人將佛法傳至彼邦而殆無疑問。

佛教東傳日本之初，彼邦人士並非一味加以接受而毫不排斥。因爲當時的日本朝廷在外交政策上分爲親新羅與親百濟兩派，中臣、物部兩氏屬前者，大伴、蘇我兩氏屬後者。前此繼體天皇六年（五一二）至七年間，其大臣大伴金村應百濟之要求，將日本在朝鮮半島南部的殖民地——任那之哆唎以下四郡割讓與它，故金村遂有接受百濟賄賂之譏。②之後，新羅逐漸侵犯任那之境，而略㖨、己呑，取南加羅，所以日本乃遣近江毛野討新羅。然毛野卻失任那之民心歸國。結果，新羅更得伸張其聲勢而滅卓淳國。宣化天皇（五三五～五三九在位）時，曾敕金村遣其長子鎮戍筑紫（福岡），次子狹手彥治任那，以謀復興之計。欽明在其即位（五三九）之初，曾親率大伴金村與物部尾輿等行幸難波（大阪府），使他們議論對韓政策。而他們兩人之間曾有過激辯。當時欽明曾垂詢百官「幾許軍卒伐得新羅？」物部尾輿等答謂：在繼體天皇六年時，「百濟遣使表請任那上哆唎、下哆唎、娑陀、牟婁四縣。大伴大連金村輙依表請許賜所求。由是新羅怨曠積年，不可輕爾而伐。」③於是金村稱疾不朝，欽明乃遣其臣慇懃慰問。此一事件之發生表示當時的日本朝廷分成兩黨，互相傾軋，而金村竟引外交失敗之責而退隱。如據《日本書紀》的記載，則在此以後，日方曾敕百濟謀復興任那之計。當時的百濟適逢聖明王在位。他獲敕後，先與大伴狹手彥謀議，然後遣使奏稱：任那首長吉備弟君有通新羅之嫌，若不予罷黜，則出兵亦難有收穫。此後雖亦有使者往返，但其功不彰。

當時的日本所處之國際環境既如此，在外交上將佛法引進其國內，似屬上計。此與日後明治維新之際，有人居於外交立場，擬定大肆獎勵耶穌教者之構想有異曲同工之妙。此一時期職司外交的蘇我氏，即從其政策立場，欲自百濟接受釋氏之教。而蘇我稻目之於此教正式東傳之初，在其朝廷發生排斥與接納之紛爭時所謂：大陸諸國皆已尊奉，日本豈可獨背？即基此而發之言。因此，當百濟王獻佛像、經論之際，親百濟派的蘇我、大伴兩氏便表示要接納奉祀，但對新羅表示友好的物部、中臣一派則予以排斥。結果，此兩派之爭，竟以佛教之東傳爲契機而愈演愈烈。

且說當百濟獻佛像、經論給日本時，欽明天皇曾垂詢其臣工是否予以供奉？蘇我稻目奏謂：西蕃諸國一皆禮之，豈獨豐秋日本背之？物部尾輿與中臣鎌子則言：我國家之坐天下王，恆以春夏秋冬祭拜天地社稷百八十神爲事，方今改拜蕃神，恐致國神之怒。故欽明將佛像賜予稻目，使之試拜。稻目乃將該佛像迎至位於小墾田之宅第禮拜，旋把該宅與皇女豐御食炊屋姬（推古女皇）的向原之宮交換以安奉之，此即日後所謂之向原寺。越明年，疾疫流行，物部尾輿、中臣鎌子等人乃藉此謂其所以發生此種天災，係禮拜異國神祇使然。稻目與之爭辯，欽明諭之。於是稻目在外雖從他臣之意，內心卻不捨佛法，由是朝廷紛爭遂得以寢。④

之後，經三十餘載而稻目病篤。易簀時，對其池邊皇子（用明天皇）、豐御食炊屋姬遺言：小臣謂欲修佛法而天皇亦修行，然諸臣竟欲捨而滅之。今後即使向原寺滅亡，但天皇與我同心，故盼皇子等亦與我同心而勿棄佛法。稻目之所以如此遺言，乃因豐御食炊屋姬爲日並他田皇子（敏達天皇）之妃，而池邊皇子之地位又僅次於他田皇子之故。然當稻目於欽明天皇三十一年（一說爲三十九年）去世後，他生前所造佛堂、佛像便在其第二年爲反對釋氏之教者所焚燬，惟向原寺係豐御食炊屋姬之宮殿而得免此一浩劫。

迄至敏達天皇十一年（五八二），豐御食炊屋姬與池邊皇子謀，將向原寺徙於櫻井之地，謂之櫻井道場，按師道達等（司馬達止）之女島女等三人出家爲尼。三年後的二月望日，立刹柱於止良佐崎

（豐浦崎）而開佛法大會。然敏達惡佞佛而欲予破壞，竟於是月晦日伐刹柱，並使人焚燬蘇我馬子等皈依佛法者之家及其佛像、佛堂，令島女等三尼還俗且加以驅逐。此時亦因櫻井道場爲炊屋姬之宮而免遭浩劫。

敏達死（五八五）後，用明天皇（池邊皇子）即位。用明雖好佛，但蘇我馬子卻與厩戶皇子（聖德太子）謀，請用明同意前舉三尼在櫻井道場供佛。此道場原爲尼寺，馬子乃欲建僧院而與厩戶共覓寺祉，且要求百濟支援工匠。崇竣天皇元年（五八七），百濟遣僧六人，工匠四人赴日。四年後，炊屋姬即位於豐浦宮，是爲推古天皇。豐浦宮乃前此設向原寺處，後來遷至櫻井而成尼寺。推古即位之翌年，復以豐浦宮爲寺，使櫻井之尼徙居於此而賜名元興寺，並急築宮殿遷御之。⑤於是昔日屢遭迫害之扶桑初期佛教，因用明、推古兩天皇及推古之攝政聖德太子之保護，遂得逐漸興盛起來。

三、元代以前的日本佛教概觀

大家都知道聖德太子係給日本古代文化創出新紀元的人物，他在擔任攝政期間，除改革政治外，也還曾數度派遣使節及留學生、留學僧來華，將我國的典章制度與高度文化移植彼邦，奠定其日後大化革新（六四五）之基礎。當時的日域高僧，多兼習儒術，所以在移植中國文化時亦必假僧侶之手。而聖德太子制定〈憲法十七條〉時（六〇三），更於其第一條規定篤敬佛、法、僧三寶，此乃彼邦佛法在此一時期興盛之緣由。大化以後，自齊明、天武、持統、文武諸天皇之世（六五五～七〇七），扶桑佛法愈益興隆，造佛像、造寺、法會、祈禱等行事未嘗中斷。抑有進者，僧侶與佛教爲其外交所用，從而僧尼之才藝亦獲重視。結果，佛法弘通於地方而被利用於拓殖邊疆。⑥

在奈良時代（七一〇～七八四）初期，日本朝廷雖仍以儒家思想作施政之依據，然自天平年間（七二九～七四九）起，不僅政治不安，而且天災不斷發生，疾疫流行不已，窮人也隨著增加，結果災異之說甚囂塵上，致使其爲政者不得不對儒教政治作深刻反省。於是佛教迅速風靡於其官吏之間，而一向根據儒教施政的聖武天皇（七二四～七四九在位）遂有佛教至上的世界觀。於是他先後建國分寺⑦與東大寺，抄寫《法華經》、《金光明最勝王經》、《仁王經》等所謂之護國經典蔚然成風。尤其當時的日域人士認爲誦讀《金光明經》不僅能得四大王之呵護，並且可消除一切災厄，故獲衆多人士的信仰。

佛法弘通以後，佛寺、僧侶的數目均增加。如據《日本書紀》的記載，則在推古天皇三十二年（六二四）時，日本全國寺院共有四十六，僧八百一十六，尼五百六十九人。六十八年以後的持統天皇六年（六九二），全國寺院已增至五百四十五所。寺院、僧尼之數目既多，政府爲保護、統制佛教，乃設僧官，並頒布〈僧尼令〉以統一監督全國寺院及僧尼。當時的日本寺院以官寺爲中心，僧侶必須留在寺院誦讀鎮護國家的經典，分成各衆各派來研究經論，不許在民間說法及參與喪葬等事。結果，那些研究團體在不久以後便形成宗派。其獲承認之宗派有華嚴、法相、三論、律、俱舍、成實六宗，其中在思想上較重要者爲華嚴，勢力較大者則是三論與法相，後來則唯獨法相成爲貴族佛教而繁榮。

律宗係唐僧鑑眞之所傳，聖武天皇曾於東大寺建戒壇，親向鑑眞受戒。

在佛教興隆之際，由佛教界所爲社會事業亦發達，而僧侶的活動及於開發農業，救濟貧民方面。法隆寺、興福寺、四天王寺等則設悲田院⑧、施藥院、療病院等，故奈良末期的僧侶活動範圍甚廣。

奈良時代的佛教雖受其政府之保護而盛極一時，然僧侶墮落而竟有入僧籍以逃租徭，及地方勢豪之勾結寺院以呑沒租稅者。桓武天皇（七八一～八〇六在位）雖曾禁止漫無限制的將貲財捐贈寺院，並採取種種統制措施，卻也表示其政府已無足夠財力來積極保護宗教。於是那些宗教團體爲維持既有勢力，乃與新崛起之貴族結合，或積極開放福音以度過其難關。

當此之時，最澄、空海兩位高僧同時出現，他們於唐德宗貞元二十年（八〇四）奉桓武之命，隨其遣唐使來華，越明年東返。最澄以爲所有衆生皆有佛性，畢生爲培養大乘菩薩僧及設大乘戒壇，且設延曆寺（在滋賀縣大津市坂本本町之比叡山。日本天臺宗大本營），傳佈天臺宗而奮鬥。圓寂後，獲賜傳教大師之號。空海初習儒學，後來上京入大學，著《三教指歸》以論儒、釋、道三教之優劣，斷言佛教至高無上而歸佛門。來華探究眞言之緼奧，返國後在紀伊（和歌山縣）之高野山開金剛寺。當時朝廷公卿對其皈依甚篤，嵯峨天皇（八〇九～八二三在位）將奈良東寺賜給他，稱教王護國寺。圓寂後，醍醐天皇（八九七～九三〇）賜予弘法大師之號。最澄、空海二僧之教義均擺脫前此小乘佛教之域，將自利、利他圓滿之大乘佛教宏揚於一般民衆之間，成爲日後扶桑佛教之源流。

因空海所倡導的密教，頗能符合其貴族之要求，乃成爲祈禱之佛教而盛行。其所以如此的理由在於：當貴族的政治勢力增强時，其內部曾引起强烈的政權爭奪戰，所以他們就想假藉宗教的力量以謀自己之繁榮而各造佛寺，想用祈禱方式擊敗對方。結果，舉世進入祈禱萬能的時代。於是眞言宗空前繁榮，最澄的天臺宗也密教化。迄至普覺大師圓仁與智證大師圓珍出，天臺教理便更臻於組織化，與東寺密教之稱東密相對的，稱天臺密教爲臺密。其後圓珍之門徒因教義之主張不同而被逐出比叡山，遷至近江園城寺。於是山門（延曆寺）與寺門（園城寺）竟訴諸武力以爭奪利害。結果，在僅僅兩三百年之間，日本的密教便呈空前之發達，東密與臺密並駕齊驅，致上述奈良六宗也受到密教之影響。

隨著密教之流行，奈良六宗與天臺、眞言等各寺院都因貴族捐贈之莊園而增加其財富，後來，其財力竟超越爲其後援者之貴族們。更有進者，散佈於全國各地的小寺院亦爲仰賴中央寺院之權力，把自己土地寄託於它以之爲大本營——本山，而自居其末——末寺。在另一方面，此一時代的社會已無法將新職位給予貴族子弟，故其多數爲求生活上之方便而出家爲僧。在此場合，他們多住居本山之「子」院，在貴族保護下獲得權勢與財富，且以門跡⑨名義下支配處於劣勢的「子」院以逞其權勢，如延曆寺之青蓮院、曼殊院、三千院，興福寺之一乘院、大乘院等是。

當寺院所有的土地增加時，既減弱了國家對它們的統制權，使規範僧侶行動的法令條文鬆弛，也使各大寺院貯積能夠養活許多私度僧侶的財力。結果，延曆、園城、興福、東大寺等在全國各地擁有廣大莊園的寺院，莫不眷養數以千計的僧兵以保護其土地。

祈禱佛教流行，貴族佛教發達時，其佛教集團乃逐漸世俗化，致僧兵跋扈。在這種情勢下，其佛教在平安時代（七九四～一一八五）末期，竟難有進一步之發展。加之天災、疾疫不斷，於是末法思想廣爲流行。

所謂末法思想，乃佛教所預言的年代論之一，它以釋尊入寂那一年（前四八六）爲起點，頭一千年爲正法時代，此一時期的佛所言之教（教說）、行（其實踐）、證（其結果）俱存；次一千年爲像法時代，此一時期僅存教、行；末法時代則僅存其教而已。當時間再向前進時，就會到達法滅之末世而天災、戰亂、疾疫、火災等會接踵而至，危及生命之安全。衆生將以鬪爭爲事，機根薄弱，壽命日短。其各時代的年數之說雖不一，但日本之進入末法時代以北宋仁宗皇祐四年（永承七年，一〇五二）最爲有力。由於平安中期以後，武士崛起，公卿勢力式微，各種災害與戰亂頻仍而社會陷於不安，所以人們都相信否定現世的末法思想。結果，即使非常細小之事，也認爲是災異；平凡的事情，也把它看作不幸的徵兆。於是他們逐漸失去對日常生活的信心。當他們苟延殘喘於此苦悶時，唯一可引以爲慰的，就是厭離穢土，欣求淨土。亦即希望在自己死後，往生西方十萬億土之彼方的彌勒之淨土，於是竟有人走火入魔而欲以自殺方式往生者。不過此種淨土思想之給日後的鎌倉時代（一一八五～一三三三）之佛教奠定淨土眞宗及時宗之基礎，是無須贅言的。

概觀平安時代的佛教雖如此，然當時曾經有許多僧侶爲學佛或消除自己孽障而買棹西航我宋朝，當他們東返時，不僅舶載爲數可觀的儒家經典、醫書及內典、同時也輸入許多《大藏經》，對日後扶桑之漢學及佛教之發展有莫大貢獻，殆無疑慮。

四、大藏經在中國

所謂《大藏經》，就是包含三藏等諸藏的聖典之意。又名《一切經》、《一代藏經》、《藏經》《大藏》，或《三藏聖教》，亦即以經、律、論三藏爲中心之佛教書籍的總集。如南齊蕭子良之〈淨住子敬重正法門〉所謂：「敬禮神州大國一切衆藏經典」，⑩及王褒〈周經藏願文〉所謂：「造奉一切經藏，初由生滅之教，訖泥洹之說。」⑪〈天臺智者大師別傳〉所紀：「大藏經十五藏」，唐善無畏譯〈三種悉地破地獄轉業障出三界秘密陀羅法〉之挾註所云：「藏經者，一切經也。」即是好例。我國之大規模翻譯佛典，始自四世紀頃鳩摩羅什之時，並從此一時期開始將佛教經典與佛徒之論文析爲經、律、論三大類，所譯者與時俱增。迄至唐玄宗開元十八年（七三〇），已譯一千七十六部五千四十八卷，⑫而在宋代已有版本問世。

當釋迦圓寂以後，其弟子們乃以其生前所說之佛說與佛語爲中心，編輯佛教經典。釋迦入寂那年夏天，其五百弟子聚集王舍城之七葉窟，以大迦葉爲上首，優波利和阿難分別提律與法，並由與會者合誦以共議佛陀之正法。結果，釋尊生平之說法便析爲達磨（dharma，法）與毗奈耶（vinaya，律）來傳承。所謂達磨，就是闡明釋尊爲因應時、地、事緣而爲之教說中始終一貫而流的眞理（dharma，法），與佛陀之精神者，後世把它叫做修多羅（ sutta，經），旋稱之爲經藏。至於藏，則是梵文pitaka 之譯語，乃盛放物品之籃，亦即盛放物品的東西。這種教法傳承於其師徒之間而一方面不怠於教學研究之歸納性把握，另一方面則不忘其精神之佈教傳道的演繹態度，故日後所謂九分教或十二部經，實不外乎表示因期待正法之傳持與其普及而產生的佛說之表現形式繁多。所謂毗那耶，就是指從佛陀之教說中選出可爲比丘們日常生活之規範的條目之戒本，及更詳盡地指示可作佛陀入寂後之教團營運與其維持規則之廣律。而此戒本與廣律即是律藏之根本。後來又據論議之儀式所作教法研究與解釋，產生阿毗達磨（abhidharma，論），成爲論藏。結果，經、律、論三藏於焉整備。⑬

如據東瀛大藏會的研究，則當佛教經典自印度東傳至華夏時，其方法有新舊兩種形式。其在中國初期佛教界所傳者往往爲古老形式，亦即當外國高僧來華時，將乃師所傳授之教說記憶腦海中，把它傳給中國人。當此之時，其傳授方式有二：其一爲先將梵文寫下，然後譯成華文。其二則是直接譯成漢文。其所以如此的原因在於以口相傳，用文字紀錄的過渡時期，佛教便已傳入中國了。而一向尊崇文字，看重古籍的中國上層社會人士，乃欲利用文字把佛陀之教說記錄下來保存。所以他們不僅如同珍重中國古籍般的珍重漢譯佛典，而且又想把它們正確的傳承下去。而其所以能夠如此的原因，實賴述說寫經之功德的大乘佛教信仰。

當中國佛教逐漸興盛的六朝中期，開始產生意欲蒐集往日在種種情形下傳譯的華文佛教經典，及對那些經籍加以整理，作成目錄之風氣。當時的人把所集許多佛教經典稱爲《衆經》。迄至六朝末，北方有謂之《一切衆經》或《一切經》，江南則叫做《大藏經》，此不同之稱呼同時爲大家所並用。但這些名稱並非僅是佛教經典之集或叢書之意，而有其一定組織與內容。尤其隋唐時代的佛教，無論將梵文經典譯成華文，或將佛典編入《大藏經》之中，都得獲皇帝同意或欽定。此乃因外來的佛教在當時中國體制下，成爲中國宗教而在社會上佔有一席之地以後，華文佛典也隨之具有欽定《大藏經》之權威與保證之故。

從二世紀後半興起的漢譯佛教經典之蒐集，在四世紀末首先由彌天道安企畫、編輯了《綜理衆經目錄》一卷。迄至五世紀初，因鳩摩羅什之來華而整備了經與論。後來小乘之經、律、論亦被傳譯，所以華文佛教經典內容在當時已經相當豐富。梁武帝（五〇二～五四九在位）時，將《衆經》集於華林園，僧紹乃編《華林園佛教衆經目錄》四卷。

北魏（三八六～五三四）時，稱諸經律論爲《一切經》，南朝之梁（五〇二～五五七），則謂之《大藏經》。迨隋文帝統一天下（五八一），承北周毀佛之後，因採佛教興隆政策，故造寺起塔與造佛像、寫經之修功德事業鼎盛，曾編《歷代三寶記》、《衆經目錄》等。而煬帝亦憂慮尊經之多湮滅於灰燼，乃命衆軍將四方佛典收聚於中央，且令學司開寫經道場，完成四藏十萬軸之寫經偉業。至於《隋書》〈經籍志〉之稱那些經典爲《一切經》，及灌頂之〈天臺大師別傳〉書如《大藏經》，實是隋朝已有此兩種稱呼之明證。

唐高宗麟德元年（六六四），當靜泰於洛陽大敬愛寺調查、整理一切經論時，曾就隋彥悰之《衆經目錄》予以加減增補，編成《大唐東京大敬愛寺一切經論目錄》，並在各經名稱與卷數之下註明所用之紙數。

1.開元本：

自隋至唐初，《一切經》之內容已逐漸決定，而經典之書寫亦有一定方式。到了則天武后天冊萬歲元年（六九五），明詮等編《大周刊定衆經目錄》十五卷，與玄宗開元十八年（七三〇）智昇編纂之《開元釋教錄》二十卷，已含有甄別華文佛教經典之正僞，以欽定方式完成《大藏經》之意味。智昇倣六朝以還之經典分類法，將所有佛教經典大別爲大乘三藏、小乘三藏，及賢聖集傳三大類。更將大乘經典析爲般若、寶積、大集、華嚴、涅槃五大部分，且舉其他單譯和重譯，與大乘之律、論都爲大乘三藏。同時又以此三藏爲中心，輯小乘之經、律、論，與西土此方之賢聖集傳，作成《開元釋教錄》。然後在卷十九、二十去其所抄出之別生經和疑僞經典，而決定編入《大藏經》之經典數目爲一千七十六部五千四十八卷。於是《釋教錄》所收錄之經、律、論，便成爲欽定《大藏經》而具有權威性。開元的《大藏經》係用書寫而裝裱成爲黃卷赤軸，每十卷用竹或布帛之經帙來包裹、架藏。開元欽定《大藏經》雖爲四百八十帙，但爲查檢方便起見，後來就以《千字文》來定函架號碼，典藏於經藏。

2.北宋敕版：

北宋時，太祖、太宗都篤信佛教。太祖曾遣內侍張重進至峨眉山普賢寺莊嚴佛像，太宗則先後遣內侍張廷訓、張仁賢、衛欽等人，分別前往五臺山、峨眉山、泗州安奉金、銅佛像，修功德等；而太祖也曾於開寶四年（九七一），遣高品張曾信至益州（成都）雕造《大藏經》的。此事發生於蜀之後主孟昶歸服宋朝以後第七年，因蜀地自晚唐以後，造紙、印刷等事業發達，而成爲我國西南的文化中心，所以方纔下令益州雕造《大藏經》之板木。

又，太宗時，曾藉外國僧侶天息灾施護之來華，在開封太平興國寺⑭之西建譯經院，以爲新譯佛教經典之道場。太平興國八年（九八三），前此奉太祖之命雕造的《大藏經》板木已完成，自成都獻上來。因此，乃在太平興國寺之西興建印經院，將那些經板典藏於此而著手印刷《大藏經》。當時把譯經院與印經院合稱傳法院，於是譯經及其出版便成爲北宋之國家事業，而那些經典便能夠廣爲流通了。

在益州雕造的《大藏經》板木共有十三萬餘枚，前後共費十二年方纔完成。太平興國的印經院，除利用這些板木印刷外，也把新譯且獲入藏許可之經、論雕板、印刷，此乃根據雍熙元年（九八四）九月太宗所下詔敕而爲。

北宋時期在印經院所爲敕版《大藏經》之出版，係屬宋代國家傳佈正法的功德事業，所以曾經把它分贈東女眞、西夏、高麗、日本、交趾等鄰近國家而含有增進國際友誼之意味。其贈與日本者，乃是當其奈良東大寺僧侶奝然⑮來華之際。他於太平興國八年（九八三）十二月十九日至首都開封，於崇政殿覲見太宗，對太宗所垂詢有關日本之風土人情與國體，奏對稱旨。離京返國時，獲賜法濟大師之號，及新摺《大藏經》四百八十函五千四十卷，新譯經典四十卷，御製〈迴文偈頌〉，及《孝經》等書。⑯

熙寧四年（一〇七一）三月十九日，神宗因帑藏匱乏及王安石之財政改革而下詔裁撤印經院，並將上述敕版《大藏經》板木撥給杭州，命僧了然主持印經事業。了然固辭，乃於同年八月十日，把那些板木移至開封府崇化坊顯聖寺之聖壽禪院保管，使其主僧智悟大師懷謹提轄管勾原由印經院經辦之事。

北宋的敕版印經院活動長達一百四十餘年，但可以熙寧四年爲界，分成前後兩期。在前期太平興國印經院之八十八年間，乃高品高從信爲雕造《大藏經》板木被遣益州以後，由入內之內侍高品（正九品）等三名屬官董理其事，其中一人提轄管勾印經院。在太平興國寺時代，除益州雕造之印經事業外，也雕造宋朝新譯經典與貞元入藏之佛教經典，更印刷出版《天臺章疏》等新獲敕許入藏之佛書。在顯聖寺聖壽院時代，則非僅摺印前期板木，也繼續雕造新譯經典之板木。欽宗時（一一二六～一一二七），固因靖康之恥而北宋滅亡，聖壽院之印經活動也隨之停止，此乃因靖康元年（一一二六）正月，金兵入寇時，首都開封淪陷，明年，金軍竟劫掠敕版板木，而顯聖寺也燬於兵火之故。

如前文所說，北宋敕版的印經事業，雖廢於熙寧四年三月十七日，但後來由曾獲王安石之知遇與神宗之信任而當參知政事的元絳負責印經，此乃自熙寧（一〇六八～一一七七）至元豐（一〇七八～一〇八五）之間，元絳任職參知政事後期之事。《大般若經》天字函〈刊記〉所謂：「拾錢開此函，用延臺算」，即指此事而言。我們雖無從得知元絳因捐獻出版《大般若經》之經費而成爲雕造《大藏經》之負責人的經緯，但王安石是爲改革財政而斷然裁撤印經院，故其同事參知政事元絳之成爲出版

《大藏經》之負責人，很可能是顧慮到政局之安定才如此做。自從太平興國寺印經院的印經事業由顯聖寺壽禪院接管以後，國內各地民間的雕造《大藏經》事業於焉發祥，其中最孚盛名者，該是福州東禪等覺院與福州開元寺的經典雕印事業了。

3.東禪等覺院版：

徽宗崇寧（一一〇二～一一〇六）初，因出身福州的禮部員外郎陳暘之奔走，乃獲賜此東禪等覺院之匾額，成為徽宗皇帝在福州之聖節道場。該寺自大觀元年（一一〇七）前後起，雕印宋朝新譯經典二十函，及《貞元錄》所收經典和宋朝新譯經二十八函，於是在廣慧大師達果擔任住持的政和二年（一一一二），便完成《崇寧萬壽大藏》一副五百六十四卷，一千四百三十餘部五千七百餘卷之全藏了。

由於福州東禪等覺院係徽宗的聖節道場，所以它在南宋時就變成國家舉行法事的道場而改稱東禪報恩光孝禪寺。於是在高宗紹興十八年（一一四八），便由皇叔趙士衎重修、補刻大藏經板，於孝宗乾道（一一六五～一一七三）、淳熙（一一七四～一一八九）年間雕造了《大慧語錄》、《楞嚴義海》、《天臺三大部》等十六函。至其印經事業，則從南宋以迄於元代至治（一三二一～一三二三）、泰定（一三二四～一三二七）年間，長達二百餘年之久。

4.開元寺版：

福建閩縣東芝山開元住持本明禪師，他曾於徽宗政和二年（一一一二）二月，計畫出版《毗盧大藏經》印板一副五百餘函。那時正是福州白馬山之東禪等覺院獲賜寺額，得《崇寧萬壽大藏》之敕牒而新雕藏經完成之年。此開元寺乃曾為唐玄宗之聖節道場的古刹，東禪等覺院則在此一時期開始成為徽宗之聖節道場而懸掛敕賜寺額。為此奔走的住持普明禪師乃臨濟宗南岳懷讓之第十五世法孫；企劃新雕《大藏經》板木的開元寺住持本明禪師，則為曹洞宗青原行思第十四世。而此開元寺的經局係由雕經管勾沙門負責管理實際事務，對校沙門負責對校板下經論之定句，且有許多雕工參與其事。

宋室南渡以後，在慧海大師惟沖時刊行論部，慧通大師了一時刊行前此未刊之四十餘函，而全藏之雕造工作遂竟其功。其間，因金兵入寇而徽、欽二宗被擄於東北之地，高宗乃以臨安為行都，開創南宋之局面。當此之時，洛陽的啓運宮被徙於福州開元寺，而開封府武翼郎周邦憲一族之施人題記所謂：「早迎二聖齊享萬年」之句，乃流亡南方的士大夫對徽、欽兩位皇帝所表示的思慕之忱。經由應天啓運宮幹弁武師悅，不動居士馮楫，丞相李綱之遺族——福建安撫司李宗之等人之捐助，於高宗紹興二十一年（一一五一）正月完成了全藏。

此《毗盧大藏經》的板式為每行十七字每板共三十行，其卷首之題記與首尾題號下之千字文，及其摺帖之裝訂，均與東禪等覺院本相同。這部《藏經》在南宋度宗咸淳四年（一二六八），由住持文迪計畫補刻板木，其印刷事業則一直繼續到元成宗大德年間（一二九七～一三〇七）。

5.大普寧寺版：

元代杭州路餘杭縣的南山大普寧寺，係在南宋初興隆平民佛教的白雲宗祖清覺（一〇四一～一一二一)的墳院。而此白雲宗祖墳院之當時住持，就是慧照大師古山道安。南宋端宗景炎元年（一二七六），吳興思溪的法寶資福禪寺罹元軍兵火之災，致其堂宇及印經坊之《大藏經》板木毀於一旦。明年，大明慶寺的寂堂宗師在元軍政下的行都臨安召集諸山禪教之名德，發起復雕《大藏經》的計畫。與會者要求古山道安及其宗門——白雲宗徒眾協助完成此一大事業。道安首肯以後，即北上元之大都燕京，請求公認白雲宗門，及准許該宗設僧錄司，作爲宗門行政之一環而籌劃刊行《大藏經》。道安返江南以後，就在南山大普寧寺設白雲宗僧錄司，並親自擔任僧錄，地位次於僧錄的僧判有色目人。於是乃在此寺設大藏經局，動員廣佈於江浙一帶的白雲宗門徒、諸菴院主向一般民眾募捐而獲得他們之熱烈響應，遂得進行刊印《大藏經》之工作。刊印時，在各帖之末刊記各該施主之題跋。後來道安把院務交給弟子如一，再度北上大都。奔走途中，於元世祖至元十八年（一二八一）春月，示寂於燕京大延壽寺。

道安圓寂以後，其門下的月潭如一、如志、愚叟等，曾先後擔任白雲宗主、僧錄，及南山大普寧寺住持之職，爲完成《大藏經》板而盡力。當時崛起於蒙古的元朝政府，在統治江南漢人的文化政策上，頗爲重視宗教。因此，不僅支持爲一般民眾所信仰的白雲宗與白蓮教，而且對創設白雲宗僧錄司與刊行《大藏經》，也給與相當之保護。

當時在大都燕京有獲得元朝皇帝信任的擔八師父金剛上師，綜理全國佛教，江淮諸路的釋教都總攝，則有永福大師楊連眞加職司其事。其下則有白雲僧錄司，由南山大普寧寺住持兼任。僧錄之下有色目人僧判。而這些要人之後援刊行《大藏經》事，可以〈刊記〉或經典之扉畫爲證。此《大藏經》之雕板工作，前後共費十年，於元朝至元二十七年（一二九〇）竣工。迄至大德三年（一二九九），大普寧寺比丘如瑩編輯杭州路餘杭縣白雲宗南山大普寧寺《大藏經目錄》四卷，經峨眉山崇聖寺比丘師正校勘出版。

因此《藏經》係立意重刊思溪版，所以它的版式及卷末之音譯，裝訂方式，目錄等，俱採思溪之優點，然它並非一味重刻，同時也與福州刊行之兩種版本，及天竺之《藏經》比對。在處理上，於每帖首尾之千字文下增添新帖數目。因此，非僅在其一帖一帙之裝訂上可見其進步情形，而且其封面亦由黃色改爲丹色。其後，又把《宗鏡錄》、《秘密錄》（無目錄），及元代新譯《藏經》和白雲和尙的《初學記》、《正行集》共三十九函作爲《續藏》，此乃白雲宗門所刊行《大藏經》之可與大都之弘法寺版《大藏經》，及在那以後之磧砂版《大藏經》⑰相互輝映者。

6. 北藏與南藏：

迄至明代，則有南京大報寺版《大藏經》，與北京敕版《大藏經》，前者乃後世所謂《大明南藏》。它是在成祖永樂元年（一四〇三）九月頃，已有《大藏經》板木保管於金陵天禧寺。據說其印經事業，係在太祖朱元璋統一天下以後，特地新雕湮滅於元末兵亂的板木，並將它們貯藏於中央僧錄司所在的天禧寺，使之傳佈於天下云。後者則在永樂八年三月九日的〈皇明太宗文皇帝御製經讚〉中有：報皇考皇批之恩，取《藏經》刊梓印施之旨，且有永樂九年閏十二月之御製藏經〈跋〉。它們雖可能為《大明北藏》之所起願，但此一工作之著手時間卻是從永樂十七年開始的。《北藏》為整理敕版之體裁，故採江南之折帖形式，五行十七字之大字本，此種形式亦為清朝之《龍藏》所沿用。

7.龍藏：

在清朝，則於雍正（一七二三～一七三五）、乾隆（一七三六～一七九五）間刊行了敕版漢文《大藏經》。雍正十三年二月一日〈御製重刊藏經序〉謂：明永樂間在京師刊行的梵筴本北《藏經》，以其未經精密校對而不足為據，故於京師東安門之賢良寺加以嚴密校對重刊。並有同年四月八日之御製讚頌，這部《大藏經》就是《龍藏》。如據《大清三藏聖教目錄》五卷，則此《藏經》共七百三十七函七千八百三十卷；大清重刻《龍藏》〈彙記〉，則於目錄經論之題下注記其板木數與所用紙數。自天字號至機字號七百二十四帙之板木共七萬九千三十六枚，如將其正反兩面之刻字合計，則有十五萬四千二百十一連，而尚未包含裝飾卷首之佛像、龍牌，及韋馱天像之板木在內。

以上係就清朝以前的中文《大藏經》成書過程，與其出版情形作簡單的介紹。至於那些《大藏經》之流傳日本的梗概，則擬於下節敘述。

五、東傳日本的大藏經

日本自其聖德太子於隋煬帝大業七年（六〇七），以其大禮小野妹子為使來華朝貢以後，中日兩國的邦交於焉開始。迄至唐代，兩國船隻亦如往日之絡繹海上。當時日方除派遣貢使外，也還派許多留學生與留學僧西來學習隋唐之高度文化、典章制度及佛法。所以當時的日本無論在政治上、經濟上、文化上，都有長足進步與繁榮。在宗教方面，則除各宗派相互崢嶸外，與宗教相關之建築、繪畫、工藝等也臻於空前進步而有足觀者，如：東大寺之法華堂、正倉院，法隆寺之夢殿，唐招提寺之金堂，即爲其寺院建築之翹楚；藥師寺之吉祥天，正倉院之鳥毛立女屏風，爲繪畫方面之傑作；金銅像、乾漆像、塑像則爲能夠充分象徵人性之工藝品。惟在唐末時，日方竟以遣使經費難籌，唐朝已經式微，不值得學習爲理由，不復來貢（八九四）。之後，經五代至宋代，兩國邦交雖仍未恢復，但兩國民間人士往來通商之頻繁，較諸前代，卻有過之而無不及。⑱而此一時期來華學佛之日僧人數更達於空前之盛，名留青史的多達百餘人。⑲那些日僧返日以後，對扶桑佛教界有偉大貢獻者亦不乏人，如：前舉最澄、空海，及日本禪宗始祖明庵榮西，曹洞宗開基希玄道元，京都東山泉涌寺開山不可棄俊仍，返國之際帶回經論章疏、語錄、儒書數千卷而又爲京都東山東福寺開山的辨圓圓爾等，即是其中之佼佼者。那些僧侶從中國攜回的文物固然很多，但最值得一提的即是《大藏經》。因爲《大藏經》的卷帙既多，對日域宗教界、文化界的影響也難以衡量啊。

我國《大藏經》之究竟從何時開始東傳扶桑，因年代久遠，文獻復鮮有記載，故甚難查考。惟日域人士之早在七世紀四十年代開始蒐集、閱讀《一切經》事，可由其《日本書紀》看出其端倪。⑳直到目前爲止，管見所及，中國官方之將《大藏經》贈與日本事，僅見於《宋史》〈日本傳〉所紀，在太宗之世將敕版《大藏經》賜於其東大寺僧奝然一則而已，至於日本政府之向中國奏討，則兩國文獻都無此紀錄。不過，彼邦人士之於宋元時代進口的，卻可由現存者來推知其梗概。

如據日方文獻史料的記載，則彼邦在宋代進口的中國《大藏經》，除上舉賜與奝然者外，尙有福州東禪、開元二寺鐫刻、刊印之福州版，浙江湖州開雕的思溪版，湖南平江磧砂之延聖寺開雕的磧砂版，及元版等。其中進口數量最多者爲繼宋太祖開寶敕版後，分別在福州東禪、開元二寺雕造者。目前典藏此一版本的圖書館及寺院是：東京宮內廳圖書寮、京都醍醐寺、知恩院、東大寺、東福寺等。但它們典藏者均非同一版本，乃兩種版本混合成爲一藏，故過去曾被誤爲東禪、開元兩寺合雕一藏。㉑如前文所說，東禪版之雕版始自北宋神宗熙寧、元豐間（實際動工始自元豐三年，一〇八〇），完成於徽宗政和二年（一一一二），前後共費三十三年。開元寺版的雕造工作，則從攻和五年開工，南宋高宗紹興十八年（一一四八）頃完成，所費時間與東禪寺版相若。㉒東禪寺版在即將完工之崇寧二年（一一〇三），曾奉敕命名爲《崇寧萬壽大藏經》，因此它並非純粹私版，係比照官版者。㉓如據木宮泰彥的調查研究，㉔目前典藏東禪、開元兩種版本《大藏經》之機構、寺院及其典藏內容如下：

1.宮內廳圖書寮：

以開元寺本爲主，闕本以東禪寺本補全。相傳此藏原由位於京都府綴吉鄉八幡町之石清水八幡宮所藏，後來輾轉移到宮內廳圖書寮。其中有一部分係由居住大阪市西區靭上通之森本佐兵衛所珍藏，於民國十五年（大正十五年，一九二六）六月，捐贈其宮內廳者云。㉕

2.京都知恩院：

以開元寺本爲主，闕本以東禪寺版補充。原由周防（山口縣）山口之乘福寺典藏，後來經毛利氏獻給德川家康（一五四二～一六一六）。家康則於慶長年間（一五九六～一六一五），贈與位於京都市東山區圓山公園之北的淨土宗大本營——大谷寺華頂山知恩院云。㉖

3.京都東福寺：

以開元寺本爲主，每卷均捺三聖寺之印。東福第五十四世住持剛中玄柔，曾遣其十位弟子來華而獲兩藏，於明洪武十年（天壽四年、永和三年，一三七七），將其中一藏獻給東福寺，另一藏則給日向郡（宮崎縣）志布志之大慈寺云。㉗

4.京都東寺：

以東禪寺本爲主，闕本以開元寺本補充。原爲後白河法皇（上皇出家以後稱法皇）之女，宣陽內院覲子內親王（天皇之兒子稱親王，女兒叫內親王）所典藏，於南宋理宗淳祐二年（仁治三年，一二四二）頃捐贈給東寺。㉘

5.京都醍醐寺：

以東禪寺本爲主，用開元寺本補其闕。由在南宋孝宗乾道三年（仁安二年，一一六七）來華，翌年東返之俊乘坊重源所帶回，㉙於寧宗慶元元年（建久六年，一一九五）捐給醍醐寺。㉚

6.奈良唐招提寺：

其次談思溪版。思溪版乃在浙江湖州之思溪開雕的。從前的日域人士以爲佚存彼邦的思溪版，只有思溪法寶資福禪寺所刊行之一藏，後來經水原堯榮在位於和歌山縣伊都郡高野町之高野山法藏中，發見思溪圓覺禪院《大藏經目錄》，方知在思溪出版者有兩藏，其一爲圓覺禪院版，其二則是密州觀察使致仕王永從夫妻與其兄弟等起願捐貲鏤版而成者，全藏共五百五十函五千四百八十卷，內有南宋高宗紹興二年（一一三二）題記。資福禪寺刊行者凡五千七百四十卷，完成於嘉熙（一二三七～一二四〇）、淳祐（一二四一～一二五二）之間。目前典藏思溪版的是於唐玄宗天寶十三載（天平勝寶六年，七五四）抵日的日本律宗始祖，揚州僧鑑眞（六八八～七六三）所興建，位於奈良市五條町之唐招提寺。該寺所藏思溪版大致完整，每卷均捺唐招提寺印。而鹿谷法然院所藏宋版《仁王般若經》二卷之卷首，亦捺有該寺印，則它們之原屬唐招提寺，㉛殆無疑慮。

7. **武藏喜多院**：

位於東京的喜多院所典藏者亦爲思溪版。㉜

8. **京都南禪寺**：

南禪寺所典藏之《大藏經》，以元版、高麗版爲主，而有開寶敕版、東禪寺版、開元寺版、思溪版、圓覺禪院版攙雜其間，是其特色。㉝

9. **奈良興福寺**：

興福寺之典藏宋版《大藏經》，爲時甚早，此事可以南宋孝宗淳熙六年（治承三年，一一七九）在該寺供養唐本《一切經》㉞事得知。惟此宋版《大藏經》在舉行供養儀式之第二年燬於兵火，故現

存者可能爲日後所東傳，但其東傳經緯無從查考。㉟

10.安藝嚴島神社：

位於廣島縣佐伯郡宮島町之嚴島（周圍二十八公里）的嚴島神社之輪藏有二：其一謂龍宮海藏，其二叫轉法輪藏，乃該神社大願寺道本上人於明世宗嘉靖（一五二二～一五六六）中期（天文年間）創建者。鵜養徹底編《古經題跋》謂該寺典藏之《大藏經》有宋版與高麗版，然木宮泰彥於本世紀二十年代（昭和初）前往查詢時，已不復存在云。㊱

11.尾張眞福寺：

如據木宮泰彥之研究，尾張（愛知縣）眞福寺所典藏之《大藏經》，本來在京都南禪寺塔頭大授庵。明永樂十一年（應永三〇年）時爲出身藤原氏之比丘尼玄璋所購，捐與眞福寺，目前大都散佚，僅存《涅槃》、《大集》、《日藏》、《月藏》、《仁王》、《華嚴》諸經云。㊲

12.東京增上寺：

如據《緣山三大藏目錄》、《三緣山志》，及鵜養徹底之《古經題跋》諸書所紀，則增上寺本有宋版、元版、高麗版三藏。其中宋版爲思溪資福禪寺版，乃近江（大阪府）菅山寺之傳曉上人於南宋度宗咸淳十年（建治元年，一二七五）所齎者。每一經卷背後均捺有菅山寺寺印。迄至明神宗萬曆四十一年（慶長十八年，一六一三），奉江戶幕府（一六〇三～一八六七）首任將軍德川家康之命，將它移藏增上寺。但經戰災以後的典藏情形如何，卻不可得而知之。㊳

13.日光輪藏寺：

位於栃木縣日光市之輪藏寺所典藏之《大藏經》，原屬筑前（福岡縣）宗像神社所有，在明熹宗天啓四年至毅宗末年（寬永年間，一四二四～一四四四）之間，獲得武將黑田長政之捐贈云。㊴

14.陸中中尊寺：

位於陸中（岩手縣）之中尊寺所典藏的《大藏經》，乃居住陸奥（東北地方）的豪族藤原秀衡（？～七八七）之所施。《吾妻鏡》文治五年（一一八九）九月十七日條，記載著有關該寺所典藏之《一切經》事。

15.國府安國寺：

位於國府（岐阜縣）之安國寺所典藏之《大藏經》爲大普寧寺版。㊵如據民國四十四年（昭和三十年，一九五五），釋拈笑洪嶽查點此藏後所編之《大普寧寺藏經目錄》四卷，則該寺目前所典藏者爲：完本四百七十六部六百五十卷，殘本一百六十三部一千五百五十八卷，共六百三十九部二千二百八卷。原藏五千三百九十七卷，故佚亡者有三千一百八十九卷，亦即佚亡了三分之二。據說戰前的保存情形良好，在第二次大戰期間，藏經閣爲疏散民衆所借住，則其散佚當在此時。

除上述幾所圖書館及寺院外，尙有原本典藏而目前已佚亡者，如栂尾高山寺的東禪寺版，金澤（橫濱市）稱名寺（金澤文庫）的開元寺版與宋版《般若經》等，但那些《大藏經》未必都在宋代東傳而亦有於元代流傳彼邦者。㊶

16. 橫濱金澤文庫：

位於橫濱市之金澤文庫，舊名稱名寺，如據足利衍述之研究，該文庫所藏《大藏經》有一部又四六〇帖，惟版本不詳，有待日後之實地調查。

當然日域人士所進口之《大藏經》絕不止上述幾部，因《吾妻鏡》紀謂：鎌倉幕府（一一八五～一三三三）第三任將軍源實朝，曾於南宋寧宗嘉定六年（建曆三年，一二一三），在鎌倉永福寺供養《一切經》；而前長門守藤原時朝則於寶祐三年（建長七年，一二五五），在常陸（茨城縣）鹿島神宮供養《一切經》事，則見於該神宮所典藏殘卷之〈跋〉語中。至於在嘉定間來華的近江園城寺僧慶政，也於其返國以後的南宋理宗景定四年（弘長三年，一二六三），在式乾門院利子內親王之十三周年忌辰，於他所創建位於京都西山法華寺供養唐本《一切經》的。此外，奈良市郊的白毫寺，及般若寺、海龍王寺等，也都有宋代版本。般若寺之有《一切經》事，散見於日本古代文獻，海龍王寺藏本則於慶長年間，德川家康將它移藏江戶（東京）小石川之傳通院，但在十七世紀五十年代江戶發生大火災（明曆大火災）時，化為灰燼。目前殘存於該院者，僅有《大智度論》卷五，及大法藏之匾額而已。㊷

元代《大藏經》之為日人所熟稔者，僅有大普寧寺版而已。㊸小野玄妙曾據當時文獻與遺物，認為除此一版本外，尚有松江府僧錄廣福大師管主八之私版《大藏經》，及世祖（大都弘法寺版）、英宗（銅印本）、順宗各朝開雕的官版《大藏經》東傳日域。㊹至酒井忠夫，則以為東京淺草寺也有大

普寧寺版，㊺而神奈川縣鎌倉市之鶴岡八幡宮，㊻三井園城寺、奈良四天王寺等，似亦有元版《大藏經》的。㊼

前文已說，宋版《大藏經》是由來華日僧帶回的，那麼，元版《大藏經》東傳的情形又如何？酒井忠夫云：

就當時東亞之中、日、韓三國關係而言，元版《大藏經》之東傳途徑，須要考慮到經對馬至日本的路線，而任何韓國學者都會同意此一說法。當我們在研究此三國間之文化交流時，也都將此問題放在腦海中。此一時代的中韓關係，乃元朝中葉以後至明初，高麗末期至李氏王朝初葉的。當時的中日關係固爲主從關係，但朝鮮對中國的事大關係，實較日本之對中國爲尤甚。當時因高麗本身已刊行《大藏經》，所以即使是麗末守舊的親元事大派，江南的元版《大藏經》也當不會引起他們的興趣。因此未嘗聞朝鮮半島有元版《大藏經》之事，而大普寧寺版與磧砂版也可能未東傳該半島吧！當時私販盛行，我們雖可認爲該半島的西南沿岸地區或對馬島扮演其轉運站的脚色，但除非詳細考察對馬島之宗氏在當時之所爲，實不能貿然作如是想。故除非發見新資料，大普寧寺版《藏經》之經由該半島東傳日域之問題是無須加以考慮的。總之，普寧寺版《藏經》之東傳扶桑，應該是從江南的長江三角洲地區，經由日本周防之大內氏，或南北朝時代（一三三六～一三九二），在九州北部之兩朝諸勢力，諸大名，諸寺院、神社東傳的。㊽

誠哉斯言。朝鮮半島在當時既已刊行高麗版《大藏經》，則其無須從中國進口此種佛書，自不待言。至於高麗《大藏經》之在王氏高麗時代，及在那以後的李氏王朝時代有不少《大藏經》東傳日本事，可由釋瑞溪周鳳所輯《善鄰國寶記》所紀有關日麗、日朝往來文書中得知其梗概。既然韓國在其高麗、朝鮮時代，已經向日本出口《大藏經》，則元版《大藏經》必是直接從中國進口的。

至於明、清兩朝刊行的，不僅中日兩國文獻均未提及其東傳日本，清代航行彼邦的船隻之貨單，也未錄列《藏經》，故日域寺院之是否有此兩朝代出版者，猶待進一步之考察。

六、結　語

以上係就佛教東傳日本的經緯，釋氏之教在扶桑發展的情形，中國刊行《大藏經》的沿革，以及《大藏經》流傳東瀛的梗概及其典藏處所作簡單的介紹。當時我國東傳日本的佛教關係圖書，並不侷限於《大藏經》，其他有關佛教的經論章疏、禪籍、儒書、詩文集、醫書等，也都源源不斷的舶載彼邦。㊾就日本禪宗始祖明庵榮西而言，他第一次來華（一一六八）時，曾經帶回新章疏三十餘部六十卷，㊿泉涌寺僧不可棄俊仍於南宋寧宗嘉定四年（一二一一）返日時所攜帶者有律宗大小部文三百二十七卷，《天臺教觀隅書》七百一十六卷，《華嚴章疏》一百七十五卷，儒道書籍二百五十六卷，雜書四百六十三卷，法帖、御書堂帖等碑文七十六卷，共二千十三卷。51至於東福寺開山辨圓圓爾於理宗淳祐元年（一二四一）帶回者則有經論章疏一百七十餘部三百七十餘卷冊，僧傳、禪籍、儒書、詩文集、醫書、字書等二百三十餘部九百六十餘卷冊，而將它們典藏於該寺普門院，且自編《三教典籍目錄》。⑫故其法孫虎關師鍊在其傳中謂：「蓋爾師（辨圓圓爾）歸時將來經籍數千卷，見今普門院書庫，內外之書充棟焉。」⑬至於經由其他人士以各種途徑及方式輸往扶桑的各類圖書之數量，只要看各公私立圖書館或文庫典藏之圖書或他們所編之漢籍目錄，便可知是如何龐大了。如果包括因戰亂或其他天災佚亡的（包括宋太宗賜予奝然之敕版《大藏經》在內），則流傳彼邦的漢籍，必是一個天文數字。那些圖書不僅對啓發日本人士之知識及精神生活有不可磨滅之貢獻，而且對促進彼邦文明開化之功也是難於衡量的。他們苟非從中國進口的各類圖書獲得文化之滋潤，則明治維新以前的日本人士，恐怕還停留在披髮左袵階段吧！

【註　釋】

①：甘友蘭，《日本通史》（民國四十七年，臺北，臺灣東方書店），頁一。

②：《日本書紀》（昭和六十一年，東京，吉川弘文館），卷一七，繼體天皇六年冬十二月條；卷一九，欽明天皇元年九月乙亥朔己卯條。

③：《日本書紀》，卷一九，欽明天皇元年九月乙亥朔己卯條。

④：請參看《日本書紀》，卷二五，孝德天皇大化元年八月丙申朔癸卯條。

⑤：《元興寺伽藍緣起幷流記資財帳》。

⑥：請參看《扶桑略記》、《日本書紀》、《續日本紀》、《元亨釋書》、《大安寺緣起流記資財帳》等文獻史料所紀之相關記載。

⑦：奈良時代，設於每一「國」（行政區域）的官寺。

⑧：悲田院，亦稱悲田處。日本古代救濟貧民、孤兒的機構，乃據佛氏之慈悲思想而爲，始設於唐玄宗開元十八年（天平二年，七三〇）。

⑨：所謂門跡，就是指在日本平安時代（七九四～一一八五）初期，繼承一門之祖師或法統之寺院、僧侶而言。迄至後期，則成爲皇子、貴族所居特定寺院之意。

⑩：《古今圖書集成》，〈神異典〉六六所引之句。

⑪：《廣弘明集》二二所引之句。

⑫：智昇，《開元釋教錄》。

⑬：日本大藏會編，〈大藏經──成立と變遷〉，收錄於《大藏會五十周年を迎えて》（昭和三十九年，東京，大藏會）。本節多據此行文。又，此一內容亦爲魏榮吉，《元・日關係史の研究》（一九八五年，東京，教育出版センター），頁三六四～三七六所錄。

⑭：北宋太宗在太平興國二年（九七七），將後周世宗作爲官倉的開封龍興寺復舊，且賜太平興國寺之匾額，以爲奉祀太祖之開先殿。此寺與相國寺同爲宋代東京開封的大寺。

⑮：奝然（？～一〇一六），日本平安中期之東大寺學僧。京都人。北宋太宗太平興國八年（九八三），搭華商陳仁爽之船

來華，四年後東返。他與太宗之問答詳於《宋史》〈日本傳〉。

⑯：《宋史》〈日本傳〉。

⑰：磧砂版《大藏經》是在湖南省平江磧砂之延聖寺開版的。往日此版本被誤爲元版，此乃因其若干補刻部分完成於元成宗大德年間（一二九七～一三〇七）而引起之誤解。其實它在南宋理宗端平元年（一二三四）已刻竣。請參看小野玄妙，〈元代松江府僧錄管主八大師の刻藏事蹟〉（《佛典研究》，二卷十三號）。

⑱：請參看森克己，《日宋貿易の研究》（昭和五十年，東京，國書刊行會）、《續日宋貿易の研究》（同上）、《續續日宋貿易の研究》（同上）、《日宋文化交流の諸問題》（同上）。

⑲：請參看木宮泰彥，《日華文化交流史》（昭和四十年，東京，富山房，再版），頁三三四～三五一。

⑳：請參看《日本書紀》，卷二五，孝德天皇大化元年八月丙申朔癸卯條。

㉑：鵜養徹底，《知恩院一切經目錄》。

㉒：小野玄妙，〈東寺經藏の一切經に就いて〉（《佛典研究》，第一卷）。

㉓：《東禪寺版大藏經》，天帙第一，《大般若經》卷首刊有當時的官符。

㉔：請參看木宮泰彥前舉書頁三六三～三七一。

㉕：請參看藤堂祐範，〈宋版大藏經の零本追記〉（《歷史と地理》，十八卷二號），及註二二所舉小野玄妙之論文。

㉖：鵜養徹底，《古經題跋》。小野玄妙，註二二所舉論文。

㉗：鵜養徹底，《古經題跋》。《本朝高僧傳》，卷三五，〈玄柔傳〉。

㉘：《東寶記》，第六。小野玄妙，註二二論文。

㉙：如據《玉葉》、《南無阿彌陀佛作善集》、《東大寺供養記》、《元亨釋書》等文獻的記載，則重源是爲巡禮五台山之聖蹟來華的。因該山在當時已爲金所據，故詣天台山、育王山，並將從日本運來的木材營建育王山之舍利殿。返國時，帶回宋版《大藏經》與淨土五祖像等。同時也引進天竺風格之建築形式，爲重建東大寺而盡力。《玉葉》及《東大寺造立記》，俱謂其曾經來華三次。

㉚：《醍醐寺座主次第》。《南無阿彌陀佛作善集》。

㉛：鷲養徹底，《古經題跋》。大屋德城，《寧樂刊經史》，頁二一四。

㉜：木宮泰彥，前舉書頁三七〇。

㉝：請參看木宮泰彥前舉書頁四八〇～四八五。

㉞：《興福寺別當次第》。

㉟：大屋德城，《寧樂刊經史》，頁二一四。木宮泰彥，前舉書頁三六九。

㊱：木宮泰彥，前舉書頁三六九。

㊲：同上。

㊳：請參看《增上寺史料集》，別卷，附錄，增上寺所藏《大普寧寺版大藏經解說》。

㊴：鷲養徹底，《古經題跋》。

㊵：酒井忠夫，〈飛驒安國寺の元版大藏經について〉，收錄於《增上寺三大經目錄解說》（《增上寺史料集》，別卷，一

九八二年）。

㊶：木宮泰彥，前舉書頁三七〇。

㊷：木宮泰彥，前舉書頁四七八。

㊸：小野玄妙，註一七論文。

㊹：同註四〇。

㊺：同上。

㊻：木宮泰彥，前舉書頁四七八～四七九。

㊼：同註四〇。

㊽：同上。

㊾：請參看鄭樑生，《元明時代東傳日本的文獻》（民國七十三年，臺北，文史哲出版社），及本書頁五七～八三所錄〈宋元時代東傳日本的醫學與醫書〉。

㊿：《洛陽東山建仁寺開山始祖明庵西公禪師塔銘》。

(51)：《泉涌寺不可棄法師傳》。

(52)：《聖一國師年譜》。

(53)：虎關師鍊，《元亨釋書》，第七，〈圓爾傳〉。

宋元時代東傳日本的醫學與醫書

一、前　言

華人之大舉買棹東航，定居扶桑，根據文獻的記載，開始於秦末及漢末中原板蕩之際。①東漢時非僅將我國進步的農耕技術傳播日本，使彼邦之生產方式大爲改觀，產量大爲提高，而且將我國文字與圖書傳至彼處，影響所及，遂使原無文字，以口耳相傳方式來傳遞消息，記載日常生活中事，甚至保存國家大事的日本，得以利用中國文字，因而產生了書寫的文字工具，在日本歷史上出現了劃時代的進步，從而使彼邦統治階級以研讀中國儒家經典爲最起碼之修養，②而當時東遷之我先民多在日本政府曾供要職，及執彼邦經濟之牛耳，乃不爭的事實。③

迄至隋代，日本聖德太子除曾先後五次遣使來貢外，同時還派留學生、留學僧來學習典章制度與各種文化，此批留學生與留學僧則多爲華裔。④此一事實，培養了日本上層階級的文化意識，促使他們想要華化的情緒昻揚，奠定日後「大化革新」的基礎。

隋朝只經兩代，三十餘年而亡，但入唐以後，從太宗貞觀三年（六三〇），亦即日本舒明天皇二年起，仍繼續派遣以華人爲中心的「遣唐使」來充分吸收、移植當時臻於世界文明顚峰的盛唐文化精華，使得它能夠順利推行「大化革新」而步上「律令國家」。⑤此時的日本因已掀起唐化運動的熱潮所以一切典章文物，無一非模倣盛唐，因而使原爲半蠻荒的部落分立，成爲以天皇族爲中心的統一國家。唐昭宗乾寧元年（宇多天皇寬平六年，八九四）八月，日本雖以差派「遣唐使」須龐大經費而籌措不易，及唐朝已式微而無足可學習者爲理由停止官方往來，⑥然兩國民間船隻卻仍絡繹於海上，經五代、兩宋，至元世祖兩次東征後猶然。停派「遣唐使」後，日本取擷中國文化雖不如往日之積極，但吸收之範圍則更爲廣泛，輸入之文物種類也遠較秦漢時爲多。秦漢時輸入之文物不復可考者多，隋唐時代進口者，則可以目前典藏在奈良東大寺正倉院者爲代表。⑦當時日本向我國學習及進口之文物無所不包，舉凡學術思想、宗教、圖書、美術工藝、建築、日常用品、生活習慣、藥材，及醫療、農桑、紡織、灌漑、食品加工等技術，無一非他們學習、蒐集之對象。⑧因此，上自國家的典章制度與文教政策，下至個人的日常生活與保健，都曾給與很大的變化與影響。本文擬僅就宋元時代東傳的醫學、醫書內容作爲考察對象，兼談其對日本所產生之影響。

二、佛教醫學與宋代醫學的東傳

我國漢方醫學之東傳日本，爲時甚早，它與早期的移民東渡及儒學在日本勃興脫不開關係，⑨這種進展，隨著海上交通的發達，與商賈、僧侶往來之頻繁而日有進境。古代日本雖有以典藥寮、施藥院爲中心之官醫制度，然自鎌倉幕府（一一八五～一三三三）成立以後，除京都地區仍繼承前代的官醫制度外，其他各地的國醫已不復存在，其醫療工作則爲民間醫師所取代。民間醫師多數爲僧醫，他們除學佛外還兼修醫學以懸壺濟世。⑩僧醫在前一時代雖亦爲社會大眾診病，但身分多半是官醫，至於作爲民間醫師活躍於杏林，則始自鎌倉時代而遂成爲日本開業醫師之先河。⑪僧醫之透過佛教，攝取佛教經典所紀之醫學，乃理所當然之事，而此佛教醫學在當時竟成爲日本醫學學術之主流。

相傳天臺大師智顗⑫之弟子章安曾將乃師於隋文帝開皇十四年（五九四）四月二十六日起，在玉泉寺經一夏九旬時間所說紀錄成爲《摩訶止觀》一書。此書固有許多玄妙幽玄處非爲方外人士所能容易瞭解，卻有不少有關醫學知識之記載。《本朝醫談》云：

> 據聞醫師之爲僧綱，乃長於醫學，明於脈經，而《摩訶止觀》之病患境，乃取決於世間出世之教。故聽說身爲醫師者之登比叡山在以知《止觀》之幽致而獲法脈。不唯《止觀》如此，道之玄妙亦在於正法眼藏，⑬故其徹底瞭解其道者由座主授予印可。而唐僧鑑眞於失明後能嗅藥物以別眞僞，⑭苟非他已得正法眼藏，哪能達到此一地步。

則僧醫除必須擅長醫術外，還得兼具正法眼藏。雖難斷言當時的日本僧醫都能臻此境，然他們從《摩訶止觀》學習醫術而有心得，殆無疑慮。

《摩訶止觀》所紀之病患境爲：

甲一、明病相

乙一、四大不調⑮

乙二、飲食不節⑯

乙三、坐禪不節⑰

乙四、鬼病⑱

乙五、魔病⑲

乙六、業病⑳

甲二、明起病之因緣

丙一、用止之治

丙二、用氣之治

丙三、用息之治

丙四、假想之治

丙五、觀心之治

丙六、方術之治

甲三、明治病之法

乙一、明治方之宣對不同

乙二、明用正治之不同㉑

甲四、明損益

甲五、明修止觀

該書以爲有肉體就會有疾病，兩者之能力保持均衡則病不生，身體有虛，病就乘之而起。上述六種疾病中，因四大不順及飲食不節而起之疾病只須用方藥與養生就能痊癒。因坐禪而起之疾病則必須坐禪正確，調息觀，方能醫治。鬼病與魔病，則非深觀行及大神咒不爲功。至於業病，就非內用觀力，外行懺悔不可。故以止觀來治病的方法是只要領悟其一，便能兼及其他，所以它教人行止觀首先須要領悟治內心之病的方法，要用心眼來體會，非僅靠文字來理解的。

那麼當時的日本何以出現許多僧醫呢？如前文所說，日本雖於唐昭宗乾寧元年八月停派「遣唐使」，與我國的官方往來斷絕，但兩國民間的往來並未中止。尤其唐亡（九〇七），經五代板蕩之世，至宋太祖趙匡胤建立宋帝國以後，日本僧侶來華學佛者益復日多，中、日兩國貿易呈空前盛況。㉒此一時期的日本正值其藤原氏一族最爲興隆的攝關時代，㉓時由宋進口者多爲絲織品、藝術品、醫療物品等價格昂貴的貨物以及各類圖書。由於趙宋隨其國家之興隆而刻意發展醫學，故在太宗之治世（九七六～九九七）已有《太平聖惠方》百卷問世。神宗（一〇七八～一〇八五在位）元豐年間，更令全國名醫呈獻秘方，使太醫局實驗以製藥劑，而徽宗（一一〇一～一一二五在位）則在大觀年間（一一〇七～一一一〇）敕陳師文、裴宋元等人撰《和劑局方》五卷。影響所及，宋朝醫學乃得急速發展。㉔更有進者，宋朝不僅加强國內的醫療制度，更在國子監設醫學部門，使習儒者學醫療之法而謂之儒醫。同時也在中央及地方培養醫師，因而醫學之發展更為可觀。於是在當時的佛教界亦先後出現許多兼通醫術的僧侶。因此，當日本僧侶在宋代大舉來華學佛時，目睹我國僧醫活躍於醫療界，可能也受此風氣之影響，而於學佛外又致力學醫。結果，宋代醫學之東傳非僅以醫書為侷限，醫術也廣為日僧所傳習。

元代以前，日本的醫學莫不以我國醫書——《和劑局方》為根據，而此後悉以此為典範，且未嘗親自實驗過。至明代，在關東伊豆地方（現今伊豆半島）有叫田代三喜的，誕生於明憲宗成化元年（土御門天皇寬正六年，一四六五）。十五歲時入妙心寺，旋入足利學校㉕讀書。孝宗弘治元年（後土御門天皇長享二年，一四八八）二十三歲時來華習醫，師事於李東垣、朱丹溪之門，十一年（明應七年，一四九八）返國，在現今東京、横濱一帶行醫而名噪一時。李、朱之醫學乃金、元時代由李杲（東垣）、朱震亨、張子和等名醫所倡導之醫論，係以補益、養陰為主。前此世人莫不以《和劑局方》為宗，故李、朱之醫論一出，無異給當時的醫學界敲了一記響鐘。

田代三喜雖首先將李、朱之醫學東傳日本，只因他居住關東之一隅，故其醫名仍不為天下所知。及在足利學校的曲直瀨道三㉖聞三喜之名，入其門學習，然後返回京都宏揚其學，於是李、朱之醫學遂遍傳日本全國。

又，當曲直瀨道三倡導李、朱內經醫學時，日本又出現以《傷寒論》㉗為醫論的一派醫師。此《傷寒論》乃為坂淨運所東傳。淨運出身醫術世家，其曾祖父淨快曾為稱光天皇（一四一四～一四二八在位）御醫，祖父淨秀則曾任宮內卿、法印，並為後花園天皇（一四二九～一四六四在位）診病而獲賜「盛方院」之號。父親淨孝則曾任治部卿及法印之職，淨運仍之。淨運博學而精於醫術，曾於孝宗弘治年間（一四八八～一五〇五）來華學張仲景之傷寒論醫學。此學東傳後，為永田德本㉘所宏揚，它係以汗、吐、下、和為治療之要訣，並予臨床醫治，遂成為日後江戶時代（一六〇三～一八六七）古醫方學派的前驅。

前文已說，日本古代的官醫醫療制度到鎌倉時代已崩潰，但在京都的典藥寮與施藥院則仍繼續保存。並可從平基親所著《官職秘抄》，及北畠親房㉙所著《職原抄》所錄有關此兩種機構之規定窺見其一斑。㉚誠如《玉葉》、《明月記》等書所紀，當時官醫的醫療對象乃公卿或地位可與公卿相埒之上流階級，而官醫們所應用之醫書則為《醫家千字文》、《醫談抄》等。然此類書晦澀難懂之處頗多，㉛故其醫療效果未必顯彰，難收立竿見影之效。由於當時另有一批從中國習得最新醫術回國懸壺濟世的僧醫——民間醫師活躍於杏林，故上流階級延聘僧醫治病者不少。時日一久，宋、元醫術便流行於日本，給唐代以前東傳的醫療方式注入了新生命。㉜ 此一時期的日本僧醫，親自來華習醫者固不乏人，但在其國內鑽研當時所傳醫療書而得醫療之奧妙者亦非少數。因此，下文擬探討當時東傳日本的醫書。

三、宋元時代東傳的醫書

前文已說宋元醫學隨著中日交通之頻繁而陸續東傳日本，醫書也因華商、華僧之東渡，及日僧之來學而傳至彼邦；此一時期的日本醫療工作已由民間醫師——僧醫取代了以典藥寮、施藥院爲中心的官醫。非僅如此，當時東傳的醫書又給唐代以前就已東傳落地生根的扶桑醫學灌注了新血脈。宋、元醫書究竟有多少落入日本人士之手，目前已很難查考，惟從當時留下的史料，及日僧所編之圖書目錄與醫書，尚可知其梗概。

如據《中右記》所紀，則關白藤原忠實（一〇七八～一一六二）曾向白河上皇借新進口之醫書摺本三十帖，㉝《玉葉》則紀有宋代醫書《王氏篇類單方》。㉞因《中右記》、《玉葉》俱成於宋代，故可知那些醫書在宋代便已東傳。又在元太宗四年（貞永元年，一二三一）來華學佛的辨圓圓爾，㉟學成返國時曾攜帶許多我國圖書。㊱那些圖書，亦即京都東福寺普門院典藏，復經由大道一以整理作成的《普門院經論章疏語錄儒書等目錄》所紀者，它除內典、外典外，尚有部分醫書：

王氏本章單方　十便方　局方
活人書　易簡方　王叔和脈訣
通眞子脈訣　和劑方　圖注本草
本草節要　素問經　明堂圖經

本堂節文　　　易簡方（重複）　　　魏氏家藏方

指迷方　　　五臟秘旨　　　枕中方

要穴抄　　　藥抄　　　明堂圖

消渴飲水方　　　家藏秘方　　　雜雜方

外境治方

由此可知，辨圓圓爾雖是僧侶，卻攜帶不少醫書東返，此表示當時日僧不僅學習內典與外典，且重視岐黃之術。因此，鄭若曾曾於言日本人之所好時所謂：

古書：五經則重《書》、《禮》而忽《易》、《詩》、《春秋》；四書則重《論語》、《學》、《庸》而惡《孟子》。重佛經，無道經，若古醫書，每見必買，重醫故也。㊲

可信不誣。除上述者外，尚有不少醫書東傳日本，此事可由日域人士在編輯醫書時所引用者推知其一二。

日本在鎌倉時代編輯的醫書，以梶原性全之《頓醫抄》五十卷，及《萬安方》百八十二卷最著。梶原之生平不詳，傳言出身望族和氣氏，有名醫之稱。㊳生於南宋度宗咸淳二年（文永三年，一二六六）頃，卒於元順帝至元三年（建武四年，一三三七）。㊴據梶原在《頓醫抄》第八、三十五、四十六卷所紀，則其編纂《頓醫抄》之目的在付出自己所有知識，將世上口傳、秘傳之醫學紀錄下來救助世人；編纂《萬安方》的目的則在於「書之子孫勵古莫失墜此術。」㊵茲將他在編纂此二書時所用之中國治方錄列如次：

《頓醫抄》所引用之治方及其用引用次數

治方	次數	治方	次數	治方	次數
太平聖惠方	二五八	和劑局方	二三〇	千金方	一九六
三因方	一九一	事證方	一〇四	五氏方	五二
濟生方	四七	活人書	四六	楊子方	四三
選奇方	四二	百一方	四〇	葉氏方	二四
簡易方	一七	外臺方	一六	錄驗方	一一
肘後方	一〇	本事方	八	食醫經	八
秘錄方	八	錢氏方	七	千金要方	六
經驗方	六	是齊方	五	孟說	四
梅師方	四	濟衆方	四	千金翼方	三
醫學全書	三	集驗方	三	博濟方	三
斗門方	二	圖經	二	誰峰方	一
經驗方	一	本草幷醫書	一	胡氏方	一
孫眞人	一	萬金方	一	養生方	一
玉林方	一	嚴氏方	一	翰良方	一

深秘方	一	尋常流布方	一	廣利方	一
抱朴方	一	備急方	一	了意口傳	一
海上方	一	信效方	一	廣濟方	一
食療方	一	陳藏方	一	非和眾方	一

《萬安方》所引用之治方及其引用次數

聖濟總錄	一七九七	太平聖惠方	二一七	和劑局方	一五六
千金方	八四	張渙方	六八	吉氏家傳	四五
嬰孺方	四五	可用方	三六	產科經驗保慶集	三五
大食全方	三三	劉氏家傳方	二七	事證方	二六
莊氏家傳	二四	王氏手集方	二四	三因方	二三
錢一方	二二	顱顖方	一九	張氏方（家傳）	一八
良劑方	一八	茅先生家傳	一八	千金翼方	一七
活人書	一七	必用方	一六	全嬰集	一六
究原方	一六	鄭愈傳	一四	本事方	一三
是劑方	一二	外臺方	一一	孔子家傳	一一
御藥驗方	一一	嬰童寶鑑	一〇	肘後方	一〇

濟生方　九
朱子家傳　八
良驗方　八
石壁經　七
指迷方　六
集驗方　六
一覽方　五
籠求論　五
廣劑方　五
濟衆方　四
煙霞方　三
吳氏家傳　三
幼幼新書　二
衛生家寶方　一
經驗方　一
翰良方　一

錄驗方　九
惠眼觀證　八
魏氏家藏方　七
漢東王家傳　七
雞峰方　六
丁時發傳　六
嚴氏方　五
九籥衛生方　五
百一方　四
大臣局方　四
保生信效方　三
萬全方　二
傷寒論　一
必效方　一
長生療養方　一
仲景方　一

子母秘錄　九
簡易方　八
博劑方　七
選奇方　六
百一選方　六
醫學全書　五
楊氏方　五
趙子家傳　五
外科精要　四
殊聖方　四
聚玉方　三
廣利方　二
鳳隨經　一
陳氏方　一
惠濟論　一
疹豆論　一

千金要方——經心錄——錢乙方——
食療方——仙人水鑑——丘松芽傳——
王允傳——斗門方——外臺備急方——
救急方——小品方——寶童方——
海上方——崔子方——張道人傳——
萬金方——楊氏家傳——

上舉治方乃分別引自我國醫書，它們所引用者爲：《聖濟總錄》、《吉氏家傳》、《太平聖惠方》、《和劑局方》、《千金方》、《事證方》、《張渙方》、《可用方》等約百種。其中《外臺秘要方》是唐王燾所編的古代醫學全書，因繼承了唐代以前學說，故其史料價值極高。《千金方》係唐代處士孫思邈撰，它對本草書舊態的理解有裨益。《和劑局方》已在前文提及，乃是北宋時代所選的處方集，現在的許多漢方仍有不少典出其中。因此，這些醫書對日本當時之醫療工作，及日後的漢方研究自有很大的影響。

四、宋元醫書對日本的影響

自從佛教醫學與宋代醫學東傳後，日本僧侶活躍於杏林者既多，也逐漸取代往日官醫的地位。他們行醫時非僅不以唐代以前之醫書爲治病之主要根據，在著書立說時也都以新進口之醫書爲依歸。梶原性全《頓醫抄》第十四卷云：

凡病有六種：第一、次第不調（當爲四大不調之誤）；第二、飲食不通；第三、座禪不調；第四、業病；第五、魔病；第六、鬼病。

右六種中，魔、鬼二病以神咒治之，非法威力不能治之。座禪一病，還依座禪治之。業者以罪障懺悔之力治之。四大不調，除業病外，醫師處治之也。

是四大各有百一病，共四百四病，此則莫不發自臟，四大不調者，地水火風也。

此乃引用《摩訶止觀》之說以爲治病之根據。當時的日本僧醫除學《摩訶止觀》所紀之醫學外，也兼涉其他佛教經典所載有關醫學的文字。佛典中的《四分律》、《僧祇律》、《十誦律》、《金光明最勝王經》、《大智度論》，以及其他許多內典均記載著古代印度的醫學。那些醫學本是釋迦爲統率僧團所言有關僧侶之個人衛生者，但其中卻有可與今日醫學媲美之開頭術、開腹術等，㊶而典藥頭、施藥院使穀倉院別當丹波行長曾從《尊勝儀軌》、《壽命經》、《大集經》、《大化頂經》及各種《陀羅尼經》等共七十餘種佛典，摘錄有關生產、育兒、婦女病等醫說編輯了《產生類聚抄》，此乃佛教醫學東傳後的一大傑作。當時的日本僧醫除應用純醫說外，也兼採佛家的慈悲精神，或說前世之業，㊷或利用坐禪以求精神之統一來治病。而自幼身體羸弱的虎關師鍊，㊸以其鬪病經驗撰寫《病儀論》一書，强調治病時的精神療法之重要性。惟宗具俊之《醫談抄》云：

前世有餘福，則任何重病皆有醫術之驗；前世有餘殃，則雖是微恙，反有兇禍。故病者須逢有餘慶之幸運之醫師。佛説前世惡人之譭謗大乘者，其原可治癒之疾也反爲加劇。

此係根據佛教言病之因果報應。希玄道元㊹則在其《正法眼藏隨聞記》中云：

醫方等謂：如能妥爲維護身體血肉，心情亦隨之而佳。

此言健全的精神寓於健康的體魄。由上述可知，此一時期的日本醫學所受佛教的影響不淺。

前文述及往日的官醫制度，在鎌倉時代已經崩潰，但京都的典藥寮與醫藥院依然存在，而典藥頭與施藥院使也仍分別由丹波、和氣兩家世襲，故當時所謂之官醫，乃指此兩家相傳之醫學而言。我們雖無從否定他們只相互切磋而缺乏競技之精神，然他們也絕非一味墨守成規而疏於鑽研新來的中國醫術。因爲《玉葉》養和二年（南宋孝宗淳熙九年，一一八二）八月二十九日條，紀主稅頭定長抄寫新進口之醫書《王氏編類單方》；元曆二年（淳熙十五年，一一八五）三月三十日條，紀閱讀《千金秘隨方》；治承五年（淳熙八年，一一八一）二月十五日條，則紀主稅頭定長鈔寫《灸治方》，主稅入道知康鈔寫《養性方》，典藥頭定成鈔寫《合藥方》，前施藥院使憲基鈔寫《病源候論》，施藥院賴基鈔寫《藥種功能》，此五人均爲當代名醫。

鎌倉時代許多僧醫以民間醫師身分，活躍於日本杏林的原因，除受中國僧侶從事醫療活動的影響外，僧侶在當代日本是具有很高的人格修養與學問豐贍的文化人，所以無論從身受宋人影響或其本身之能力而言，他們之習醫及從事醫療工作，乃理所當然之事。因此當官醫制度見廢後，他們除在全國各地從事醫療工作外，在京都也與官醫同樣懸壺濟世而受世人之尊重。

至當時所編醫書受此一時期進口醫書之影響，只要翻閱梶原性全編纂之《頓醫抄》與《萬安方》所引用許多中國治方便可看出其梗概。例如：《頓醫抄》首卷在討論「五臟六腑虛實寒熱證治」時所謂：「上醫知色，中醫聞聲，下醫取脈覺心。」乃係《摩訶止觀》所言：「上醫聞聲，中醫相色，下醫視脈。」而巧妙的利用佛教醫學。卷二，〈諸風〉上〈症候論〉則多據《小品方》與《和劑局方》立說，而其〈中風之相〉則幾乎全部根據《病源候論》而來。卷三，〈諸風〉下，則以言中風論爲主，它非但非引用《醫經》，也參考《病源候論》及《千金方》等醫書。卷四言〈傷寒〉。此卷雖引用《千金方》以說明傷寒之起因與時行、疾病等，卻非全盤抄襲而加以適當改寫，俾使日域人士容易瞭解。至卷四十四，則爲〈五臟內景圖〉、〈十二脈經圖〉及其解說。據梶原本人所紀，此〈五臟圖〉乃根據北宋仁宗慶曆五年（一〇四五）歐希範就戮時，宜州（湖北省宜昌縣西北）推官吳簡命醫師畫工費時兩日剖五十六人之腹，將所見人體五臟之情形繪《歐希範五臟圖》，此五臟圖實較日後杉田玄白㊺等人據德人克魯姆士著《解體圖譜》之荷蘭文譯本譯成之《解體新書》㊻要早數百年。《頓醫抄》所言者不僅多據《病源候論》，同時也引用《千金方》、《三因方》、《和劑局方》、《太平聖惠方》等而未能逸出中國醫方之範疇。《萬安方》的情形亦復如此。

除上述外，經由官醫之手完成的醫書，也是根據中國醫書立說，例如正五位惟宗時俊於元世祖至元三十年（伏見天皇永仁五年，一二九三）十二月完稿的《醫家千字文》所引用者爲：《太素經》、《醫說》、《太平廣記》、《本草》、《新修本草》、《八十一難經》、《明堂經》、《證類本草》

與《太平聖惠方》等，這些書多數在前一時代東傳，在此一時期進口者則只有《太平聖惠方》而已。此與《頓醫抄》、《萬安方》之大量引用新傳醫書比起來，便可知官醫墨守成規而鮮有進取氣象。但無論如何，他們皆根據中國醫學理論著書立說，是無庸置疑的。這種情形經室町（一三三六～一五七三）、安土桃山（一五七三～一六〇二）、江戶（一六〇三～一八六七）以迄於現代都是如此。在江戶時代，業醫的多爲漢學家或對考據之學有研究者，其所以如此的原因在於漢方醫學傳自中國，非在這方面有豐富的知識，無法解讀其中的奧義。當時雖已經由西方傳教士傳入西醫——蘭醫，漢方醫學之發展並不因此稍衰。迄至十九世紀中葉以後，日本人士習西醫者日多，也並未拋棄漢醫、漢藥的功能，所以中醫在日本仍有不少薪傳者。

五、結　語

以上係就宋元時代東傳的醫學與醫書及其影響作簡單的介紹。元亡，明朝成立以後，彼此往來不稍衰而中國醫學依然東傳。元朝有李杲、羅天益、王好古、危亦林、滑壽、朱震亨等名醫，明代則自洪武（一三六八～一三九八）至嘉靖（一五二二～一五六六）間有王履、戴元禮、劉純、熊均、虞博等名家。㊼明代醫說與前一時代比起來雖有嶄新之貌，但醫學卻仍以《和劑局方》爲主。㊽當時的日本適值南北朝（一三三六～一三九二）對峙而戰亂頻仍，卻也阻止不了有志學醫者來華留學的熱忱。據黑川道祐的《本朝醫考》與釋月舟壽桂的《幻雲稿》，當時和泉國（現今大阪府）有名叫阿佐井宗

瑞的醫師曾於嘉靖四年獲得明版《醫書大全》十冊，三年後將予刊行。㊾

在元代，因李杲倡「陽有餘，陰不足」論，朱震亨又因漢人張仲景精於外傷，李杲詳於內傷，而以此二者爲治療要訣，並著《局方發揮》，《和劑局方》之學遂受排斥。但在明初來華的習醫者並未採李、朱之醫學，直到田代三喜於弘治間（一四八八～一五〇五）返國時，始將此新醫學東傳而成爲日本李、朱學派之開祖。明代來華習醫的，除田代三喜外，尚有在洪武初師事金道士的竹田昌慶㊿及坂淨運、吉田宗桂、㈤和氣朋親、㊷清隱友派㊸之輩，中國人至彼邦傳播岐黃之術的，則有陳氏一家㊹及鄭舜功㊺等人。此後因日本實施閉關自守之「鎖國」政策（一六三九），禁止所有日本人航行海外，於是不再有人來華習醫，僅靠當時由中國船隻船載之醫書㊻來鑽研而已。

【註　釋】

①：請參看宋越倫，《中日民族文化交流史》（民國七十二年，再修一版，正中書局）頁二七～三二。

②：日本自大化革新（六四五）後便模倣唐朝實施律令制度，且於首都設大學，諸國設郡學，教授儒家經典以登用人材。他們如欲爲官，就得通曉一經以上，因此鑽研儒家經典便成爲日本當時之統治階級的最起碼之修養。

③：請參看前舉宋越倫所著書，頁二八～三〇。

④：隋代來華的日本使節中佔有重要地位的高向漢人玄理、新漢人大國、新漢人旻、南淵漢人請安、志賀漢人惠隱、新漢人廣濟、倭漢直福因、書直麻呂、東漢長直阿利麻、東漢草直足嶋等人，無一非華人後裔。他們去國數百年後，或許已數

典忘祖，在國家意識上容有受居留地之影響，但彼輩之爲漢人苗裔，以及在大化革新前後，居日本政治、文化及其他各方面之重要地位，實無庸置疑。

⑤：根據律（刑法）、令（民法、行政法）、格（追加條文）、式（施行細則）及其他法令，且以公地公民制爲基礎之中央集權的國家體制。在廣義上包含自大化革新起至平安末期止的一段時期。它係模倣唐朝之律令制度而爲。

⑥：提此建議者爲被命擔任第十八次使節的菅原道眞（八四五～九〇三）。菅原所提之理由固爲經費籌措不易，及唐朝已式微而無足可學習者，但唐末時期的律令體制之已破壞，及土地制度、稅制之已發生變化，而與當時之日本國情不合，亦爲促使他們不願繼續遣使來華之理由。

⑦：日本古代的主要倉庫稱正倉，正倉之陽謂之正倉院。現存之正倉院，僅有奈良東大寺一處，故現今所謂之正倉院，即指此而言。正倉院位於東大寺大佛殿西北的松林中，隸屬宮內廳。內分北、中、南三倉，典藏物品共萬餘件。那些物品產自中國唐朝，間有與中東、希臘、羅馬有關者，多在奈良時代（七一〇～七八四）東傳。北倉典藏聖武天皇（七二四～七四九在位）遺物，中倉典藏奈良盧舍那佛開眼時（七五二）所獻之武器、武具與文書，南倉則典藏東大寺之法會用具而以伎樂面具、音樂服裝及樂器爲主。

⑧：請參看木宮泰彥，《日華文化交流史》（昭和四十年，東京，富山房），頁一五五～二三五。

⑨：齊濤，〈我國散逸日本的醫藥古書〉，上（民國七十四年十一月二十八日，臺北，《中央日報》〈副刊〉）。

⑩：《續日本紀》，卷七，元正天皇養老元年（七一七）四月壬辰詔書云：「僧尼依佛道持神咒救病徒，施湯藥而療痼疾，於令聽之。方今僧尼輒向病人之家詐禱幻恠之情，戾執巫術，逆占吉凶，恐脅耄穉，稍至有求，道俗無別，終生奸亂。

」可見當時的日本僧尼不僅兼修醫學，還有藉行醫以斂財者。

⑪：服部敏良，《鎌倉時代醫學史の研究》（昭和四十七年，東京，吉川弘文館，二版），頁三六。

⑫：智顗，荊州華容縣（湖南華容縣）人。俗姓陳，字德安，幼名王道（或光道）。使持節散騎常侍益陽縣開國侯起祖之第二子。梁大同四年（五三八）生。乃我國天臺宗開祖，世稱智者大師或天臺大師。師生前造寺三十六所，寫《一切經》十五藏，造佛像十萬軀，度僧千餘人，傳業之學士三十二人，其中以灌頂、智越、智璪爲最著。師圓寂於隋文帝開皇十七年十一月，年六十。正月，晉王依師之遺圖，在山下建寺。及於大業元年（六〇五）登極，乃敕賜國清寺之額。後周世宗（九五四～九五八在位）時追謚法空寶覺尊者，南宋寧宗慶元三年（一一九七），加謚靈慧大師。著作有《妙蓮華經》二十卷、《維摩經略疏》十卷、《金光明經文句》六卷、《金鋼般若經疏》一卷、《修習止觀坐禪法要》、《六妙法門》等數十種（典據：《國清百錄》、《續高僧傳》第十七、《大唐內典錄》第十、《正觀輔行傳弘決》第一、《弘贊法華傳》第四、《天臺山記》、《天臺九祖傳》、《佛祖統記》第六、《智者大師別傳註》、《新編諸宗教藏總錄》、《天臺宗章疏》）。

⑬：正法眼藏，在禪門乃指正確的世界觀，與領悟之眞實而言，亦稱清淨法眼。此係釋迦所說無上之正法。只要證得釋迦所悟之正法，就能如眼之照破一切而不會迷惑，收容一切而無遺，故謂之藏。此乃教外別傳，不立文字之基本原理。它是中唐之「寶林傳」所始倡，被認爲是禪宗所憑依之原理。

⑭：請參看淡海三船，《唐大和上東征傳》（收錄於《中華大藏經》〈遊方部〉）。及鄭樑生，〈唐大和尙東征傳——中國佛教東傳的一幕——〉（民國六十四年九月十三日，臺北，《國語日報》〈書和人〉，第二七〇期）。

⑮…火强破水，謂之增火之病；外寒助水，水增害火，謂之水病；助外風，吸氣火，至火動水，謂之風病；三大增而害地，謂之等分之病；身分增而害三大，謂之地病。

⑯…飲食不潔，則必生病。辛物增火，蔗蜜之甘冷增水。黎增風，膏膩增地，胡瓜作熱病因緣，故宜謹慎擇食。

⑰…坐禪時若心生懈怠，則魔必乘心隙入身而生病。坐禪時思觀多則五臟損，緣色多則動肝，緣聲多則動腎，緣香多則動肺，緣味多則動心，緣觸多則動脾。又數息不調則坐禪之消化不良，筋脈攣縮。故坐禪不正就會疾病叢生。

⑱…鬼病，乃鬼入人之五臟而起之病。

⑲…鬼纏身便會生病以致於殺人，魔則破觀心與法身之慧命。故心起邪念，就會奪人之功德。

⑳…此言在前世或今世破戒，便會因前世之業而生病。例如：犯殺人罪，就會有肝眼之病；犯飲酒之罪，就會有心口之病；犯淫慾之罪，就會有腎耳之病；犯妄語之罪，就會有脾舌之病；犯盜竊之罪，則會有肺鼻之病等。

㉑…此言要知四大、增損之病相，與五臟病患之相。治病有止、觀二法。止乃常使心安，使心止於丹田不散，久之，其病自癒。以觀治病，則宜用吹、嘻、呵、噓、呬六氣。止觀之治病法，只要領略其一，就能兼及其他。《國譯一切經》，第七，〈正修編〉，〈觀病患境〉，及〈修習止觀坐禪法要（小止觀）〉，第九，〈治痛編〉有此一方面之說明。

㉒…請參看木宮泰彥，前舉《日華文化交流史》，頁三三四～四〇九，及森克己，《日宋貿易の研究》（昭和四十八年，東京，國書刊行會）、《續日宋貿易の研究》（同上）、《續續日宋貿易の研究》（同上）、《日宋文化交流の諸問題》（同上）。

㉓…平安時期（七九四～一一八五）以藤原氏之攝政、關白爲中心而爲之政治形態稱爲攝關政治。它始於唐宣宗大中二年（

天安二年，八五八），藤原良房之被命爲攝政，唐僖宗廣明元年（元慶元年，八八〇），藤原基經之擔任關白時。攝關政治之經濟基礎乃藤原氏之廣大莊園，武力後盾則爲源氏一族。此一政治形態雖延續至明治維新前夕，但在十一世紀末由上皇主宰的「院政」開始後便告式微。在日本史的時代劃分上所謂的攝關時代，係指攝關政治最爲隆盛之十世紀末至十一世紀而言。又，所謂關白，就是比天皇先覽奏疏以輔弼之。其中國式名稱有：總己百官、博陸、執柄、攝籙等。

㉔：廖溫，《支那中世醫學史》，頁一七九。

㉕：位於栃木縣足利市昌平町之日本中世的唯一學校，爲足利義兼（?～一一九九）所創。明英宗正統四年（永享十一年，一四三九），上杉憲實（一四一一～一四六六）以鎌倉圓覺寺僧快元爲首任庠主（校長），定學則，從此學校規模始備。迄至清同治十一年（明治五年，一八七二），因實施義務教育而校務廢。該校藏書頗多善本。其藏書除上杉憲實所贈經書外，尚有後北條氏所捐贈金澤文庫舊藏本，與德川家康（一五四二～一六一六）贈送者。該校現稱足利學校遺跡圖書館。請參看足利衍述，《鎌倉室町時代之儒教》（昭和四十五年，東京，有明書房，影印本），頁五八六～六六四。及鄭樑生，《元明時代東傳日本的文獻》（民國七十三年，臺北，文史哲出版社），頁一一〇～一一五。

㉖：曲直瀨道三，原姓堀部。名正盛，又名正慶。如據《寬政重修諸家譜》（大正六年，東京，榮進社出版部），或富士川游，《日本醫學史》所紀，則他在明武宗正德二年（永正四年，一五〇七）九月十八日誕生於京都，明神宗萬曆二十二年（文祿三年，一五九四）一月四日去世。二十二歲時進足利學校讀書。在該校肄業期間，曾師事自明返國之田代三喜達十餘年之久。回京都後，因替室町幕府第十三任將軍足利義輝（一五三六～一五六五）診病而獲重用。曲直瀨除懸壺濟世外，又在京都建啓迪院，爲醫學教育而努力，經他栽培之弟子多達八百人云。此乃日本醫學教育之濫觴。曲直瀨所

遺著作有《治法指南篇》（一五七〇）、《合藥直傳集》（同上）、《懷中秘用》、《辯證配劑醫燈》等數十種（典據：服部敏良，《室町安土桃山時代醫學史の研究》，昭和四十六年，東京，吉川弘文館）。

㉗：齊濤，〈我國散佚日本的醫藥古書〉（下）（民國七十二年十一月三十日，臺北，《中央日報》〈副刊〉）對此《傷寒論》作如下說明云：「《仲景全書》《傷寒論》十冊。此書出版於萬曆二十七年，紅葉山文庫舊藏。其中的一至四冊，通稱「趙開美宋版傷寒論」，因爲宋版早已失傳，就是這個明刻本，亦僅日本的內閣文庫有此一部。據日本的學者考證，認爲此書是直接由宋版翻印的。首先在《經籍訪古誌》上說：「由其字畫端正來看，頗存宋版體貌，概此書爲《傷寒論》之最善者」。又在趙開美的〈序〉文裡，也明白的交代說：「仲景之《傷寒論》成，無已所解之書《金匱要略》，仲景《治雜病之秘》合刻，名《仲景全書》；既刻，復得宋版《傷寒論》，因復刻之。由此可明日本所存的這部《傷寒論》，未失原著的價值。已由燎原出版社印行的《明刊影印傷寒論》（一九七七年第三版）並非據此，所以它的存在，可能未爲外界所知。又，《仲景全書》，一至四冊爲《傷寒論》；五至七冊爲《注釋傷寒論》；第八冊爲《傷寒類證》；九至十冊爲《金匱要略》。關於《傷寒論》的來歷和異本，見《藥史學》雜誌，第三卷二期，久保道德論文。」

㉘：永田德本，生平不詳。平日遍歷全國各地而居無定所。在醫學方面首倡傷寒論，並以汗、吐、下、和爲治療要訣。將傷寒論醫學引進日本者固爲坂淨運，將它運用於臨床醫療者則是永田德本。

㉙：北畠親房（一二九三～一三五四），日本南北朝時代貴族、武將、大納言，正二位。仕後醍醐天皇而頗得其信任，爲南朝政治、軍事方面之主宰。對伊勢神道之造詣深，著作除《職原抄》外，尚有《神皇正統記》、《元元集》等。

㉚：如據《職原抄》之記載，則典藥寮之職官有頭、助各一人，下有大允、小允、大屬、小屬、醫博士、女醫博士、鍼博士

、侍醫，權侍醫、醫師等。《官職秘抄》所載施藥院則是：「施藥院司，令外官（非律令所定之官）。使，名譽醫師補之，元諸大夫並一道輩任之，而雅忠任之後，一向為當道職。」

㉛：服部敏良，前舉《鎌倉時代醫學史の研究》，頁一六六～一六八。

㉜：請參看註㉛所舉服部敏良之著作，頁四七～四八。

㉝：藤原宗忠，《中右記》，元永元年（一一一八）二月十七日條。

㉞：九條兼實，《玉葉》，文治元年（一一八五）六月十二日條。

㉟：辨圓圓爾（一二〇二～一二八〇），日本鎌倉時代禪僧，敕謚聖一國師。南宋理宗端平二年（嘉禎元年，一二三五）來華，參徑山之無準師範而得其印可。東返後，為其三位天皇授戒，且曾三度前往鎌倉弘通佛法，其門流稱東福寺派或聖一派。（典據：《東福開山聖一國師年譜》、《元亨釋書》七、《延寶傳燈錄》二、《本朝高僧傳》二〇）請參看芳賀幸四郎，《中世禪林の學問および文學に關する研究》（昭和五十六年，京都，思文閣出版，《芳賀幸四郎歷史論集》，第三冊）頁二五。

㊱：請參看前舉鄭樑生，《元明時代東傳日本的文獻》，頁九六～一〇〇。

㊲：鄭若曾，《籌海圖編》卷二，〈倭國事略〉、〈倭好條〉。

㊳：富士川游，《日本醫學史》，頁三五二。

㊴：《群書類從》，卷五一三，〈常樂記〉。

㊵：《覆載萬安方》（日本內閣文庫藏本）第一卷，裏頁。

㊶：服部敏良，註三一所舉書頁三六～四八。

㊷：業，梵語羯磨Karman之譯語，造作之意，指有情之身，語意之造作而言。佛教以為一切萬有莫不基於因果之法，有情之種種苦樂的因果報應，及其所據以報之世界之淨穢等，亦悉由業所感，故以隨眠為有之本，而十二緣起以無明置於首，雖有惑業苦三道之說，但能正確感覺有的就是業的能力。

㊸：虎關師錬（一二七八～一三四六），日本鎌倉時代末期禪僧。歷住三聖、東福、南禪等寺，著有《元亨釋書》、《禪戒記》、《濟北集》、《聚分韻略》等書。（典據：《延寶傳燈錄》一一、《本朝高僧傳》二七、《扶桑五山記》二、五）。

㊹：道元希玄（一二〇〇～一二五三），日本曹洞宗始祖。父久我通親，母藤原基房之女。十三歲至京都比叡山出家，然後至建仁寺從明庵榮西學禪。南宋寧宗嘉定十六年（貞應二年，一二二三）來華，參天童山之長翁如淨而開悟，理宗寶慶三年（安貞元年，一二二七）東返。回國後在山城（京都）之深草弘揚曹洞宗。後來應越前志比庄地頭（職稱）波多野義重之聘，創永平寺。他厭惡公卿、武士之權威，故一直在地方上弘揚眞實的佛法，及為培養弟子而努力。著作有《正法眼藏》等多種。

㊺：杉田玄白（一七三三～一八一七），日本江戶中期的西醫（蘭方醫），日本蘭學之祖。從幕府醫官西玄哲學外科，因西幸作而知荷蘭外科之學。曾與前野良澤等人合譯《解體新書》。

㊻：《解體新書》，四卷、《解剖圖》一卷。日本第一部西洋醫學譯本，一七七四年刊行。德人克魯姆士原著。它係由荷蘭文譯本轉譯而成。從事此書之翻譯者有前野良澤、杉田玄白、桂川甫周等七人。

㊼：望月三英，《明醫小史》，頁二一九。

㊽：富士川游，前舉《日本醫學史》，頁三六六。

㊾：鵜養徹底，《古書刻題跋集》所錄釋幻雲壽桂〈醫書大全跋〉云：「我（日本）邦以儒釋書鏤板者往往有焉，未曾及醫方惠民之澤，人皆爲鮮。近世《醫書大全》自大明來，固醫家至寶也。所憾其本稍少，欲見而未見者多矣。泉南阿佐井宗瑞捨財刊行。彼明本有三寫之誤，今就諸家考本方以正斤兩，雖一毫髮，私不增損，蓋宗瑞之志不爲利而救濟天下。偉哉！陰德之報及子孫矣！大永八年（一五二八）七月吉日　幻雲壽桂誌」

㊿：竹田昌慶，相傳係出藤原望族，因觸怒後光嚴天皇（一三五三～一三七一在位）而蟄居山城國竹田，乃以竹田爲姓。自幼愛好醫術，於明洪武二年（應安二年、正平二十四年，一三六九）來華，從金翁道士習醫，改名明室。以道士之女爲妻，生二子。相傳在洪武年間，皇后生產時因得其所獻之藥而安產男嬰，明廷乃以此功而封他爲安國王。竹田在華十年，於洪武十一年九月，攜帶許多醫書及本草書回國，成爲室町幕府第三任將軍足利義滿之侍醫，並被敘爲法印。（典據：《寬政重修諸家譜》）

(51)：吉田宗桂，日本山城人，明嘉靖十八年（天文八年，一五三九），隨貢使湖心碩鼎一行來華習醫。因北宋開寶年間（九六八～九七五）有名叫陳日華的醫師撰《諸家本草》，善別寒溫，能辨性味，而宗桂亦能辨日域之藥，故時人稱他爲日華子。嘉靖二十六年，他復隨貢使策彥周良西來，回國以後，名著一時。（典據：《寬政重修諸家譜》）

(52)：和氣朋親，出身醫學世家。削髮後稱證玄，號蘭軒，獲敕賜春蘭軒之號。明武宗正德年間（一五〇六～一五二一）來華，從熊宗玄習醫，返國時間不詳。可能於正德六年隨貢使了菴桂悟抵華，八年，貢使東返之際回國。他出身醫學世家而不畏艱險，遠渡重洋到中國學習岐黃之術，此表示日本名家的醫學已不及當時東傳者。

53：《翰林五鳳集》收錄天隱和尚送和泉南部醫師清隱友派來華習醫之詩。清隱動身的時間雖不詳，但從其前後文章推之，可能是在明弘治六年（明應二年，一四九三），跟隨貢使堯夫壽蓂一行來華。該詩〈序〉云：「友派曰：人參、甘草、麝香、龍腦之類，吾（日本）土不產，待南舶用之。苟無南信，則急病之旁不可不袖手，豈不可慨哉。吾今附貢船入大明國求藥材。云云。」由此可知當時的日本從中國輸入醫藥的情形之一二。《蔭涼日軒錄》，長錄二年（一四五八）三月十四條所謂「西蕃膏一器」，可能也是從中國進口的藥品。

54：陳氏一家，指在明初東渡的元朝太醫陳順祖一家而言。陳順祖在元朝滅亡（一三六七）後，於洪武初前往九州行醫。幕府將軍足利義滿慕其名，乃欲徵召。順祖辭之。迄至洪武末年，其子大年首途京都，為武將細川滿元所優遇。如據辻善之助所著《日支文化之交流》的記載，則大年之藥方非常靈驗，它可能據李、朱醫方來處方。因大年在故國時之職稱為員外郎，故在日域時被叫做陳外郎。惟在日方史料所見之陳外郎，乃係指大年之孫祖田而言。祖田自幼在京都建仁寺讀書，長而繼承父祖之業，居於京都四條之西洞院。明成化二十一年（文明十七年，一四八五），造一亭，匾曰杏林。釋龍澤病時，因服祖田之藥而癒，故兩人遂有深交。祖田從而自禪林集杏林詩，龍澤為之序。因《蔭涼軒日錄》、《蕉軒日錄》等均記載與祖田交往之事，所以他必為當時的日本禪林所重。祖田之門徒散居日本全國各地，世俗所謂「透頂香」，就是陳家的家方。陳家子孫現今仍活躍於日本，其在小田原者以製售漢方醫藥為業，在名古屋者則以製售「外郎糕」（ういろうもち）而頗為著名。有關祖田的生平，請參看小葉田淳，《中世日支通交貿易史の研究》（昭和四十四年，再版，東京，刀江書院）頁二四〇～二四二。

㊺：鄭舜功，名正德，嘉靖間人。嘉靖初，日本武將畠山義宣曾命南禪寺僧昌虎首座來華求藥方。八年（享祿二年，一五二九）二月，昌虎偕舜功歸國。五月，舜功在京都授妙方，區分漢、和品物，並命畫師土佐光信描繪藥物形狀，且使人將其話譯成日文，由九條稙道書寫云。（典據：《畠山家譜》十）又，鄭舜功之第二次渡日在嘉靖三十五年（弘治二年，一五五六），乃係奉浙江巡撫楊宜之命招諭日本。有關他招諭日本事，請參看《明史》卷三二二，〈日本傳〉，及鄭樑生，《明史日本傳正補》（民國七十十年，臺北，文史哲出版社），頁五八二～五八三，《明代中日關係研究》（民國七十四年，文史哲出版社），頁二二六。

㊻：有關江戶時代進口的中國圖書之內容，請參看大庭脩，《江戶時代における唐船持渡書の研究》（昭和四十一年序刊本，大阪，關西大學東西學術研究所）。

元明時代東傳日本的經史子集

一、前言

日本明治以前之歷史，可說明一部漢化的歷史，其於文學而言自不例外。日本漢文學史大致可分爲三個高峰——平安時代（七九四～一一八五）的宮廷文學，鎌倉（一一八五～一三三三）、室町（一三三六～一五七三）時代由五山禪僧執牛耳的禪林文學，江戶時代（一六〇三～一八六七）以一般漢學家爲主的儒林文學，其中以禪林文學漢化程度最深，而成就也最凸出。此期之禪林高僧如義堂周信、絕海中津等人所寫之散文、詩詞及日記、手札，其文章之純淨，造句謀篇之型式與當時中土元明文學相埒，相較之下毫不遜色，①直可說是中國文學在日本開放的一朵奇葩。深究其原因，誠與當時禪學內典、外典之東傳有密切的關係。內典則由於文獻繁多，且多爲僧史僧傳之書礙於篇幅，故暫略不談，俟諸後日。本文嘗試就今所得之書目追溯當時外典東渡盛況之一斑。雖然，本文所舉書目，可能只佔當時東傳書籍極小部分，然據此亦可推知當時日本研究漢學之趨勢，與研究方向轉變之關鍵。

二、中國禪林文學的東傳

禪宗之所以東傳日本，乃由於平安時代末期，隨著宋、日兩國交通之逐漸頻繁，②當時日本佛教界的部分人士已對其佛教感到停滯，故有不少僧侶先後來華求新佛法。其來學禪者之自動將禪移植日本，雖然爲鎌倉初期之事，但禪宗東傳後不久，日益興盛，迄至室町時代，已蔚然成爲日本佛教的主流。導致這種局面的原因，在於蘭溪道隆、兀庵普寧、大休正念等中國高僧受彼邦人士之聘，先後東渡；後來，更有因聞日人篤信佛教而自動前往者。在這種情況下，遂使鎌倉成爲「宋朝禪」的一大淵藪。

當宋亡元興之際，普陀山僧一山一寧受元成宗之命，於大德三年（一二九九），以使節身分，東渡招諭日本。③但他抵日後，因受其公卿、武士之皈依而竟然不歸。一山的學識淵博，除宗門外，其他領域的學術，如：理學、文學、史學方面，也都對日本有深厚影響。此乃禪宗東傳史上値得特書之事。因當時的日本武士是個新興階級，又居於統治者地位，所以他們欲以有別於公卿文化之新的生活文化來裝飾和充實自己。而禪宗又與以往日本所有的其他宗派之佛教表達形式不同，乃盡力吸收新來的佛教，並把它運用於宗教以外的部門。④

中國禪宗有兩個類型，其一是臨濟宗楊岐派、虎丘派、松源派，或曹洞宗眞歇派等，它們在日本求法者的眼光裡，具有其改革宗門之吸引力。其二則如臨濟宗黃龍派、大鑑派、破菴派等，他們都接近於中央而因此貴族化，具有中國士大夫的教養。由於後者符合日本新興的武士階級之需要，所以他們不僅將禪宗視爲宗教，而且把它看作引進中國士大夫文化的媒介，而予以保護，同時也捐助廣大的土地及財物給他們，使彼輩能過豐衣足食的生活，而他們也頗能爲幕府做事，尤以夢窗疎石派下的京都五山之禪僧爲尤然。⑤

前文已說，禪宗的東傳是和僧侶有密切關係的。而中國學術之東傳，則可能是以中國和尙東渡發揚的力量爲大。自一山一寧東渡後，日本禪林便開展研究中國學術之機運，而此一時期適爲中國禪林文學世俗化的時代，⑥故其作風也被原原本本的東傳日本。也許就因此播下促成日本禪林文學發達的種子，此乃由於以一山一寧爲始的禪林學術系統，經虎關師鍊以後，主要由東福寺傳衍下去，而東福寺又是五山文學之大本營之一的關係。因系出東福寺的禪僧具有古典主義的，研究學術的傾向，所以出身該寺的僧侶自然有擅長文學的，但鑽研學術者更多，如岐陽方秀、桂菴玄樹、文之玄昌等人是。

與此相對的，在元末前往東瀛的華僧有清拙正澄、明極楚俊、竺仙梵僊等大師，他們都曾接受元末偈頌運動的洗禮，⑦欲於日本佛教界推廣文藝活動。乃以竺仙爲中心製作偈頌，而雪村友梅、月林道皎、石至善玖、中巖圓月等僧侶則組織一個友社來從事創作偈頌。此一組織爲五山文學的胚胎，而五山文學的雙璧——義堂周信與絕海中津，皆曾受過這些高僧的薰陶。⑧

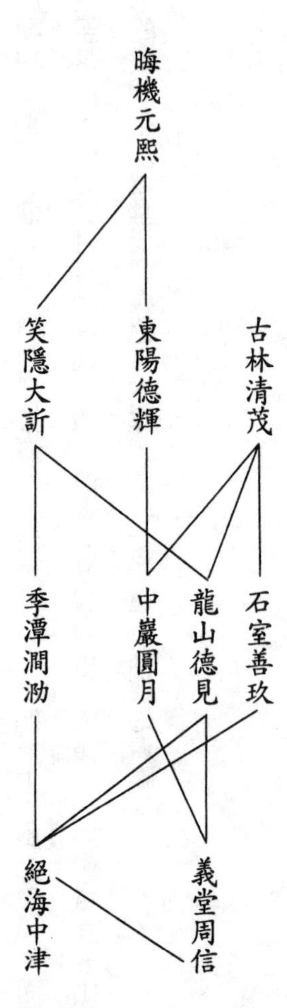

絕海中津曾於明太祖洪武元年（一三六八）來華，有汝霖良佐偕行。前者曾先後參中天竺的季潭宗泐，道場的龍門清遠，靈隱的良用及天童的了道等高僧。他曾覲見太祖，且就日本熊野之徐福祠爲題，獲賜唱和之殊榮。⑨其詩文集《蕉堅稿》的〈序〉與〈跋〉，則分別由僧錄司左善世獨菴道衍，與杭州中竺的如蘭所撰，其作品則受季潭的影響頗深。⑩所以他能將元末明初世俗化的中國禪林文學移植日本，及他之能創作中國風格的詩文，乃理所當然之事。此後，絕海的門派主要以建仁寺爲中心傳衍下去。他們均擅長駢文而富於詩的技巧。義堂的門流則大體以相國寺爲中心。作風平明而工於散文。⑪當時日本禪林學習中國文學的情形既是如此，又出現擅長詩文，學行俱高的僧侶，則其他禪僧之群起效尤，造成研究中國詩文的風氣，殆無疑慮。

三、日本禪林文學發達的原因

「教外別傳，不立文字」乃禪宗之法門，故它不依傍經典，而以禪定三昧之功，「一超直入如來地」，亦即舉轉迷開悟之實，來「直指人心，見性成佛。」因它注重徹底的行，故其純粹的祖師禪之原有立場，對於教理、教相爲主的內典未曾加以重視，所以有關外典的學術作品，當然更不用說了。然而，相傳菩提達磨曾把《楞伽經》帶來中國，將它傳給二祖慧可，而後來的百丈懷海在撰寫《百丈清規》訂定禪林規矩，及《碧巖集》之根據《楞嚴經》第二之經文所爲「楞嚴不見時」之則，即可見禪宗並未完全否定智慧與戒律。而中國禪林對《楞嚴經》、《楞伽經》、《金剛經》等內典的研究，從禪宗發達之初期即已開始，而强調「慧」方面的教相與禪宗接近、融合，這種傾向在唐（六一八～九〇六）末至宋代（九六〇～一二七九）之間已經很顯著。⑫

當禪宗東傳日本的時期（一一七〇年前後），中國方面的教與禪，禪與淨已經融合，故對教理、教相的關心隨著高昂，研究內典的風氣漸盛。而此種風氣，也隨禪宗之東傳而傳至扶桑，此可由首先將此宗傳至東瀛的明庵榮西之臺、密兼修，八宗兼學，及在京都一帶奠定禪宗基礎的辨圓圓爾之八宗兼學事獲得佐證。而從辨圓之於來華留學東歸時（一二四一），將許多有關佛教的書籍帶回日本，便可知他教禪一致的立場，與他對內典用功之深厚。辨圓的這種態度，成爲他日後所創建東福寺及建仁寺之傳統，而此傳統又被採取禪教不分之態度的夢窗疎石一派僧侶所繼承，所以禪僧不但閱讀內典與外典，而且設法輸入有關的典籍，此事容於後文討論。

中國禪林的特色之一，就是深受士大夫階級的影響。中國的士大夫多經由科舉爲官，但由於政權的隆替，既有在官場得意的，也有下野爲民的。而後者則間有因此失意而隱逸山林，遁入禪門者。但那些在野者未必都一直隱逸，俟得機會，又重返廟堂。當他們復仕後，或許仍不忘禪林而予以關懷、愛護，乃將金錢、土地捐贈禪寺，禪僧便因此能過足衣足食的生活，有較多時間來讀書。⑬但禪僧中也有因科舉失敗才皈依佛門，在禪林求發展的，如：晦機元熙，就是因對仕宦死心方纔遁入空門者。⑭

禪宗雖標榜不立文字，但它在中國卻是因獲得愛好學問與文學的士大夫階級之支持而發展的中國式佛教，所以從唐代開始，在其內部就產生以偈頌爲中心的宗教文學，此一傾向在宋代更形顯著。尤其在南宋時候，曾經刊行許多僧侶的詩文集——外集，而自南宋至元代之間，以文筆名聞於世的禪僧輩出，如：無學祖元、兀庵普寧、古林清茂等人，既是當時禪林的泰斗，也是傑出的偈頌作家。由於當時東渡日本的禪僧多出在這些高僧門下，而來華學習佛法的日本僧侶也多以他們爲師，所以南宋、元代的中國禪林學習外集的風潮對日本有很大影響，乃自然趨勢。

我們從木宮泰彥著《中日文化交流史》所列宋、元時代留學中國之日僧名單推知，當時的日本僧侶有强烈的崇華思想，而這種情形一直到明代也沒有改變，則他們在這種思想上，原原本本的將中國禪林的典範與好尚加以模倣，實爲使日本禪林傾向於文學的一大契機。

四、經史子集的東傳

1. 帶書人可考者

元明時代對日本漢學有深厚影響，而被日人譽爲五山文學之祖的，就是前文所提的一山一寧。一山的日籍弟子虎關師錬曾稱述乃師之博學多才曰：

> 教乘諸部，儒、道、百家、稗官、小說、鄉談、俚語，出入泛濫。⑮

則一山除佛教方面的學識、修養外，對其他各方面的學問也幾乎無不涉及。而虎關也曾被譽爲：

> 微達聖域，度越古人。強記精知，且善著述。凡吾西方經籍，五千餘軸，莫不究達其奧，置之勿論。其餘上從虞、夏、商、周，下達漢、魏、唐、宋，乃究其典謨、訓誥、矢命之書；通其風、賦、比、興、雅、頌之詩。以一字褒貶，考百王之通典。就文爻貞悔，參三才之玄根。明堂之說，封禪之儀，移風易俗之樂，應答接問之論，以至子思、孟軻、荀卿、楊（揚）雄、王通之編；旁入老、列、莊、騷、班固、范曄、太史紀傳；三國及南北八代之史；隋、唐以降五代、趙宋之紀傳；乃復曹、謝、李、杜、韓、柳、歐陽、三蘇、司馬光、黃、陳、晁、張、江西之宗，伊洛之學，……可謂座下於斯文不羞古矣。⑯

此乃中巖圓月致虎關之尺牘，稱讚他精通四部，其學範圍涵蓋宋代以前的中國名儒。此言固難免言過其實，但從而可知其學問之淵博。此可由其所著書《濟北集》及《元亨釋書》等獲得佐證。至中巖本身，華僧竺仙梵僊曾譽之曰：

> 如中岩（巖）者，學通內外，乃至諸子百家、天文、地理、陰陽之說，一以貫之，發而爲文，

則郁郁乎其盛也。⑰

上舉禪僧俱爲當時日本之傑出和尚，而對其禪林具有影響力者，他們的學問既如此淵博，則經他們教導的僧侶，自必有不少孜孜於研讀外典者，使其禪林之此項研究蔚爲風氣。因此夢窗疎石方纔在其〈三會院遺誡〉痛斥其徒曰：

如其醉心於外書，立業於文筆者，此是剃頭俗人也，不足以作下等。⑱

此適可證明，當時日本禪林研讀外典與詩文者之衆多，並且醉心於此之情形。義堂周信亦告誡其弟子曰：

今時吾徒不坐禪，不看經，但騁馳外學。他日登獅子座，對人天衆說箇甚麼？是乃佛法滅盡之相也，可痛哉！⑲

又曰：

今時兄弟，惟俗書是學，故於宗門言句，如魚上木，不得自在。⑳

而認爲出家人——禪僧之一味讀書，不學禪，有違禪宗宗旨，違背自己本分。但義堂並非完全禁止學習外典，乃採「外學傍兼可也，勿以爲宗」㉑之可將外典兼學到某種程度的態度。又，當有人問他如有「佛名而儒行者」，亦即如有身爲禪僧而說儒學時，是否給予肯定？他的回答是將予肯定。其理由爲：

今丁大法季運之厄，冒姓釋氏而混形於軍伍者，公然弗顧，習以爲常。其主法者，欲以佛理誘

之，其可得乎？若夫先告以儒行，令彼知有人倫綱常，然後教以佛法，悟有天眞自性，不亦善乎？㉒

亦即義堂以儒學爲誘引人進入佛道之階梯，只要以佛法爲宗，便可兼修儒學。持有與此相仿之觀點的就是時代稍晚於義堂的天祥一麟。天祥乃曾歷住建仁、天龍、南禪諸大寺的高僧。他以爲文字之學，於道不爲無助，雖讀外書亦可。然壯歲濡其耳，深其目，不以佛語祖言爲先，則逮求離文字法，而亦不爲有助。㉓當時高僧義堂、天祥的見解已是如此，則其影響所及，日後禪僧之兼學外典的風氣之越來越盛，自非偶然。

日本禪僧既然研讀此一方面之書籍，則自必向我國進口，以補充其前代輸入之不足。首先可窺見他們當時進口之一端的，就是辨圓圓爾於南宋理宗紹定五年（貞永元年，一二三二）來華學佛時所帶回日本者，亦即京都東福寺普門院所典藏圖書之經由釋大道一以整理作成的《普門院經論章疏語錄儒書等目錄》所紀之儒書部分。其內容如次：

調：《周易》二卷，同《音義》一卷，《易總說》二册，《易集解》八册。

陽：《纂圖互註周易》一册，《尚書》一册，《毛詩》二册，《禮記》三册，《春秋》五册，周禮》二册，《孟子》二册，《呂氏詩記》五册，《論語精義》三册，《孟子精義》三册，無垢先生《中庸說》二册。

雲：晦菴集註《孟子》三册，《論語直解》一册，《直解道德經》三册，《毛詩句解》三册，

《尚書正文》一冊，《毛詩》三冊，胡文定《春秋解》四冊，《五先生語》二冊，晦菴《大學》一冊，《大公家經》一冊，黃石公《素書》一冊，小字《孝經》一卷，《百家姓》一卷，《九經直音》一冊，晦菴《中庸或問》七冊，晦菴《大學或問》三冊，《三注》三冊，連相注《千字文》一冊。

騰：《莊子疏》十卷。

致：《六臣註文選》二十一冊，《楊子》三冊，《文中子》三冊，《韓子》一冊。

雨：《事物叢林》十冊，《方輿勝覽》九冊，《漢攜》二冊，《帝王年運》三冊，《招運圖》一冊。

露：《注坡詞》二冊，《東坡長短句》一冊，《詩律捷徑》二冊，《筆書訣》一冊，《誠齋先生四六》四冊，《啓劄矜式》八冊，《萬金啓寶》三冊，《聖賢事實》二冊，《帝王事實》二冊，《三曆會同》三冊，京本《三曆會同》一冊，《連珠集》一冊，《搜神秘覽》三冊，《賓客接談》一冊，《合璧詩學》二冊，《四言雜字》二冊，《小文字》四冊。

結：《說文》十二冊，又《說文》十二冊，《爾雅兼義》三冊。

爲：大字《玉篇》五冊，大字《廣韻》五冊，《玉篇》三冊，《廣韻》五冊，《校正韻略》二冊，《韻關》二冊，《韻略》二冊。

霜：《白氏六帖》八冊，《歷代職源》一部十冊。

金：《白氏文集》十一册。

生：《韓文》十一册不全，《柳文》九册不全。

麗：《老子經》一部二册，《莊子》一部缺自一至五。

劍：《太平御覽》一部。

果：《毛詩注疏》七册，《合壁詩》八册，《周禮》三册，《積玉》三册，《禮記》五册，《孟子》二册，《周易》二册，《註論語並孝經》一卷，《禮書》三册，《楊子》二册，《註蒙求》一册，《文中子》一册，《荀子》一册，《魯論》二册，《軒書》三册，《大學》一册書本，《注千字文》一册，《大明錄》三册，《玉篇》、《廣韻》各四卷，《語眞寺詩》一卷書本。

由此可見辨圓圓爾從中國帶回的經史子集數量與種類之多。此固爲辨圓個人所攜帶，但自他以後整個元代，除忽必烈兩次東征期間，因中日兩國關係惡化而彼此往來中斷一時外，雙方交通還相當頻繁，㉔故當時由中日兩國商船運往日本的圖書一定不在少數。此種情形在有明一代，亦復如此。

明成祖永樂六年（應永十五年，一四〇八），當室町幕府第三任將軍足利滿遣堅中圭密一行來貢時，曾請賜仁孝皇后所著書而允其所請，《明太宗實錄》卷七九，永樂六年五月己酉朔乙丑條云：

日本所遣僧圭密等陛辭，致其王之言，請仁孝皇后《勸善》、《內訓》二書。命禮部各以百本賜之。並賜其王綵幣等物；圭密等加賜衣、鈔。

《明史》〈日本傳〉同年條並見此事。迄至英宗天順八年（寬正五年，一四六四），第八任將軍足利義政以建仁寺住持天與清啓爲正使，遣貢船三艘來華朝貢時，爲欲於皇帝回賜外，獲得銅錢與書籍等特賜品，竟下令其屬下查報前例，並命相國寺僧侶等奭西堂，等持寺僧侶周繼西堂，及東福寺僧侶應曇西堂錄列未曾東傳而希望獲得之圖書目錄，使釋瑞溪周鳳公然書寫在其表文云：

書籍、銅錢，仰之上國，其來久矣。今求二物，伏希上達，以滿所欲。書目見於左方，……。

《教乘法數》全部，《三寶感應錄》全部，《賓退錄》全部，《北堂書鈔》全部，《兔園策》全部，《史韻》全部，《歌詩押韻》全部，《遐齋集》全部，《張埒休畫墁集》全部，《遯齋閑覽》全部，《石湖集》全部，《揮塵錄》全部附後錄十一局、第三局、餘錄一局，《百川學海》全部，《老學庵筆記》全部。㉕

上舉圖書之請求，可能爲明廷所照准，惟因當時的日本，正發生應仁之亂，相傳天與清啓於返京都途次，爲屬西軍之周防大內氏所襲擊，故這批書或許落入大內氏手中。因足利義政於憲宗成化十三年（文明九年，一四七七）以竺芳妙茂爲正使來朝貢時，除乞討銅錢外又請賜

《佛祖統紀》全部，《三寶感應錄》全部，《法苑珠林》，《賓退錄》全部，《遯齋閑覽》全部，《類說》全部，《百川學海》全部，《石湖集》全部，《老學庵筆記》全部。㉖

等圖書啊。但義政此次請賜結果，只獲《法苑珠林》而已。㉗

如據咲雲《入唐記》及瑞溪周鳳《臥雲日件錄》〈拔尤〉所紀，則東洋允澎於代宗景泰四年（享

德二年，一四五三），以船九艘，人員一千二百之龐大隊伍來貢時，曾帶回下列書籍的：《勸忍百箴孝經》二册，《清江貝先生文集》三册，《元史》四十册，《諸史會要》，《翰墨全書》。

此乃東洋允澎個人攜帶者，至其他人員之購書回日本，其數目應相當可觀。

又據於世宗嘉靖十九年（天文九年，一五四〇），以副使身分，二十八年則以正使身分來華朝貢的策彥周良之日記——《初渡集》、《再渡集》的記載，他個人在華期間所購或獲贈之圖書爲：

嘉靖十八年

七月四日　《聽雨紀談》一册　謝國經贈，《豐林集》十册。

八日　《續杜愚得》八册　以粗扇二把，小刀三把交換。

九日　《鶴林玉露》四册　銀四匁。

十八日　《白沙先生詩序》三册　釣雲所贈。

廿七日　《李白集》四册　張古岩所贈，文錦二册　張古岩所贈。

閏七月一日　《古文大全》二册　柯雨窓所贈。

廿五日　《九華山志》　錢龍泉所贈。

八月十三日　《升菴詩稿》一册　周蓮湖所贈。

十六日　《三場文選》三册　范蔡園所贈。

　　廿二日　《文章規範》二册　金南石所贈。
十二月十日　《張文潛集》四册　劉宗仁所贈。
嘉靖十九年
四月十八日　《註道德經》一册　鄧通事所贈。
八月十六日　《文獻通考》一部　銀九匁。
十月十五日　《剪燈新餘話》二册。
嘉靖廿七年
　　八月五日　《本草》十册　銀十兩七分。
嘉靖廿八年
　八月十六日　《奇效良方》一部　銀七匁。

策彥周良所得圖書之半數以上是國人贈送的，其自購部分之紀有價格，及醫書價目較一般圖書爲高，值得吾人注意。此應是他們注重醫書而不惜花重金蒐購之故。而鄭若曾於其《籌海圖編》卷二，〈倭國事略〉〈倭好〉條所紀當時之日本人所欲購買之貨物及其價格中，有關圖書方面之事項所云：

古書：五經則重《書》、《禮》而忽《易》、《詩》、《春秋》。四書則重《論語》、《學》《庸》而惡《孟子》。重佛經，無道經，若古醫書，每見必買，重醫故也。

即爲此事之註解。又，當時的日本人之所以重《論語》、《大學》、《中庸》而惡《孟子》，應與他們之正在實施封建制度，君君、臣臣、父父、子子之倫理思想適合於其國情，《孟子》之民本思想則有礙於其制度有關。

2.帶書人待考者

以上所考察者，乃帶書人明確可查之外典，除此外，尚有許多難於查考進口人之圖書。而此類圖書之東傳數目應較前者爲多。惟因無法探究其經由何人進口，故僅就當時成立的足利學校與金澤文庫之藏書情形，來瞭解其一二。㉘

足利學校位於現今栃木縣足利市昌平町。有關此校創辦人的問題雖有小野篁，藤原秀鄉之曾孫，國學遺制，足利義兼等幾種說法，惟就其名稱推之，應以足利氏爲是。《分類年代記》云：

> 足利義兼，嘗刱學校於足利，納自中華所將來先輩十哲畫像、祭器、經籍等。世推曰：足利學校。

此校在日後爲足利尊氏所重建（一三〇五）。迄至明英宗正統四年（永享十一年，一四三九），關東管領上杉兼實以鎌倉圓覺寺僧快元爲首任庠主，定學制，並將它作爲學校而加以整頓。如據足利衍述的研究，上杉復興該校時，對藏書的管理方面，曾訂「足利學校置五經疏本條目」——圖書閱覽、保存規則。此規則共五條，其要點是：⑴每次借閱以一冊爲限，不得攜出校外。⑵管理人員交班時須清點。⑶借閱者不得玷污圖書。⑷注意防潮防火。⑸不得將藏書質於庫或鬻於市肆。故該校對保管圖書所爲注意嚴密周到，與今日圖書館並無二致。正統十一年（文安三年，一四四六），上杉又訂校規，規定該校課程的教授內容爲三注——《千字文集註》、《古註蒙求》、《胡增詩註》，及《四書》、《六經》、《列子》、《老子》、《史記》、《文選》，儒學以外的其他圖書一律禁授。因此，該校乃純粹的儒學學校，此在日本漢學史上是頗值得注意的一件事。足利學校既以講授漢學爲宗旨，又訂有嚴密的藏書管理規則，所以現存圖書不少。其在上杉憲實整頓後東傳者如次：

朱熹《周易本義》、《詩集傳》、《延平問答》，董楷《周易傳義》附錄，李中正《泰軒周易傳》，蔡沈《書經集註》，胡安國《春秋傳》，林堯叟《春秋左傳直解》，眞德秀《大學衍義》（以上宋版）。胡方平《易學蒙啓通釋》，胡一桂《易學蒙啓易傳》，董眞卿《周易會通》，李公凱《毛詩句解》，朱申《春秋左傳句解》，陳澔《禮記集註》、《文公家禮纂互集註》，程復心《四書章圖通義》（以上元版）。永樂敕撰《書經大全》、《春秋大全》、《性理大全》，陳祚《小學句解》（以上明版）。

至於在那以後至日本慶長（明神宗萬曆二十四～四十三年，一五九六～一六一五）以前收藏者則有：

※唐刊本：《文公家禮纂互集註》一册（亡佚）、禮部《韻略》三册（亡佚）、《小學書解》四册（亡佚）。

※宋槧本：《周易註疏》十三册，《毛詩註疏》三十册，《禮記正義》三十五册（其中四册爲補寫），《尚書正義》八册，《周禮鄭註》二册（巾箱本），《春秋左氏傳》十册（亡佚）《春秋左氏傳註疏》二十五册，《六臣註文選》二十一册。

※元槧本：《周易會通》八冊（亡佚），《詩集傳》二冊（殘本），《禮記集說》五冊，《十八史略》二冊。

※明刊本：《大學衍義》十冊，《史記索隱》一冊（殘本），《後漢書》二十冊，《續通鑑綱目》十三冊，《增廣註釋音辨唐柳先生集》五冊，《唐詩正聲》四冊。

※古活字本：《莊子鬳齋口義》八冊。

該校藏書，除右舉者外尚有鈔本六十部，五山刊本十部，朝鮮刊本十三部。五山刊本乃日本五山之出版品，朝鮮刊本亦非出自中土，不在本文考察之範疇。但那些鈔本有不少是出於日本人之手。其中，固有明知爲日本人鈔錄者，但如只知爲古鈔本者，就很難分辨它是從中國進口，抑或日域產物，故一概未予錄列。但無論如何，其藏書是相當豐富的。㉙

其次談金澤文庫。此文庫爲北條實時（一二二四——七六）所創，時在元世祖至元十二年（建治元年，一二七五）。它位於現今橫濱市金澤區金澤町。此文庫設在稱名寺內，後來由上杉憲實復興（永樂十二年，應永二十九年，一四二二）。它在明初曾一度稱爲金澤學校。足利衍述著《鎌倉室町時代之儒教》頁六六六所引《古芸餘香》第六冊之記事云：

絕海和尚初住甲州府乾德山惠林寺《語錄》三冊

左右雙邊，半板，長七寸，巾（寬）四寸九分，十行二十字

有永樂元年道聯之〈序〉，永樂二年心泰之〈跋〉

典藏印，單格，朱文篆字

八分二寸五厘　金澤學校　在每册初葉

既名爲學校，則必有學子在此研究其藏書，而此文庫之爲當時研究中國學術之場所，殆無疑慮。然日本自發生應仁之亂以後即進入戰國時代（一四六七~一五六七）。但當時的主要戰場在京都一帶，關東地方雖有過戰爭，此文庫之機能似未受戰爭影響而照常開放。因日僧萬里集九紀他遊金澤之事云：

（文明十八年〈明憲宗成化二十二年，一四八六〉十月）二十有七己亥，槃桓瀨户六浦之濱，遺廟之前掛昔時諸老所作之詩板，邊傍點劃不泯，如新鐫之也。漸進入金澤稱名律寺間，西湖梅以未開放爲遺恨矣。珠簾、貓兒、支竺群書之目錄〈稱名寺水晶簾，唐貓兒之孫，一大時教及群書，蓋先代貯焉〉，無介者而不能觸目（寺秘件件之物容易無使人看之也）。東室有律漢，對案書卷，遂不揚面，吁律縛之傳，但守法而已。云云。㉚

由此看來，該文庫的圖書管理員是嚴守無介紹者不許閱覽其藏書之規則的。

當時該文庫的藏書頗豐，亦即中國圖書在那個時期東傳者不少，但那些圖書之來源，究竟由誰購買或捐贈，實難查考。惟其藏書豐富的情形，已爲當時華人所知。曾在明世宗嘉靖三十四年（一五五五）頃，奉浙江總督楊宜之命東渡招諭日本的鄭舜功云：

中國書籍流彼多，珍藏山城、大和、下野文庫，及相模金澤文庫，以為聚書之淵藪。他庫雖藏書，未及二庫也。㉛

鄭舜功赴日以後的行蹤不明，但因當時的幕府設在京都，他到關東（東京一帶）的可能性不大，故他所說有關金澤文庫的藏書情形，疑恐係聽聞而非目睹。

據足利衍述的研究，金澤文庫經日本戰國時代以後，圖書散佚，庫務式微，已失昔日規模。更有進者，當時因群雄割據，爭霸關東，所以文庫也受戰亂影響而管理欠周，致其藏書逐漸散佚。這種情形，可以日本永祿三年（嘉靖三十九年，一五六〇），足利學校第七代庠主九華欲返其故里大隅（鹿兒島縣）而經過小田原（神奈川縣）時，城主北條氏康父子曾予挽留，欲其復興文庫之際，竟以宋版《六臣註文選》相贈之事獲得佐證。㉜

迄至明神宗萬曆十八年（天正十八年，一五九〇），當豐臣秀吉征討小田原時，雖曾下令其官兵不得進入稱名寺——金澤文庫，但當時文庫已敗壞而只存舊跡，此事可由於兩年後至此遊覽的禪僧鐵山所賦之詩為證。該詩云：

金澤文庫本在稱名寺，今已廢去，唯舊跡存耳。

不見圖書三萬堆，秋風荒野獨堪哀；

秦坑千歲非應恨，帙雜紅塵軸綠苔。㉝

及德川家康居江戶城，憂此庫之藏書泯滅，乃於萬曆二十八年（慶長六年，一六〇一）六月設富士見亭文庫（明崇禎六年〈寬永十年，一六三三〉遷至紅葉山，稱楓山文庫），訪求其殘本，故此文庫藏書之能留存後世，家康之功不可沒。㉞又，當水戶（茨城縣）藩主德川光圀編纂《大日本史》之時，曾令其史官前往全國各地蒐集資料。其至金澤文庫之史官曾取走該庫部分藏書，而好學的金澤藩（石川縣）藩主前田綱紀，亦曾遣其家臣至此採訪不少書籍云。㉟因此，該文庫現存圖書已盡失其原貌。至其創建當時之書目及其部數，亦因無可資徵信之文獻而難於查考。㊱惟因其散佚圖書之被收藏富士見亭文庫者居多，典藏於加賀（石川縣）前田家，水戶德川家者次之。其原屬金澤文庫而後來典藏於此三處者，俱屬漢籍與日本書，留存金澤文庫者則以佛書為主。其散佚民間者雖為江戶時代（一六〇三～一八六七）之愛書家所訪求、珍藏，但現存數目極少。其入富士見亭文庫之圖書，目前多在內閣圖書寮，故尚可窺其舊貌。㊲

足利衍述研究此文庫藏書之情形時，曾將所有書目一一列出。㊳然他錄列者，實包括中日兩國圖書，但鈔本部分實難辨認究竟出自何方書家之手，故在此僅舉信為元明時代東傳之漢籍書目，其餘只有割愛。

宋槧本　《春秋穀梁傳集解》　蜂須賀侯爵家收藏

《集韻》　九冊　圖書寮收藏，缺卷一

《春秋公羊傳正義》　見於《羅山文集》卷五四，〈公羊傳跋〉

宋槧本《尚書正義》　十七册　圖書寮收藏
宋槧本《論語註疏》　五册　圖書寮收藏
宋槧本《荀子》　求古堂舊藏
　　　《小學》　見於新井白石《退私錄》
　　　《後漢書》　見於大森金五郎著〈金澤文庫沿革〉
宋槧本《南史》零本　一册　外五葉　稱名寺收藏
宋槧本《太平寰宇記》殘本　二五册　圖書寮收藏
宋槧本《南華眞經注疏》　二葉　稱名寺收藏
宋槧本《諸病源候論》　懷仙閣舊藏
宋槧本《太平聖惠方》　四六册　尾張（愛知縣）德川侯爵家收藏
宋槧本《楊氏家藏方》　七册　圖書寮收藏
宋槧本《初學記》　一〇册　圖書寮收藏
宋槧本《錦繡萬花容》零本　七册　求古樓舊藏
宋槧本《錦繡萬花容》卷目　一卷　靜岡縣龍潭寺收藏
宋槧本《昌黎先生文集》　崇蘭館舊藏
宋槧本《柳文》零本　一册　靜嘉堂文庫收藏

宋槧本《王文公文集》　一八册　圖書寮收藏
宋槧本《崔舍人玉堂類編附西垣類稿》　八册　圖書寮收藏
宋槧本《大藏經》　全部　稱名寺收藏
宋槧本《世説新語》　圖書寮收藏　又一部前田侯爵家收藏
宋槧本《新編類要圖註本草》　聿修堂舊藏
宋槧本《備急千金要方》　上杉伯爵家收藏
宋槧本《外臺秘要方》殘本　一一册　圖書寮收藏
宋槧本《太平御覽》　一一四册　圖書寮收藏
宋槧本《畫一元龜》殘本　一八册　圖書寮收藏
宋槧本《宋景文集》殘本　六册　圖書寮收藏
宋槧本《東坡集》殘本　一七册　圖書寮收藏
宋槧本《六臣註文選》　二一册　足利學校收藏
宋槧本《大藏經》殘本　四六〇帖　稱名寺收藏
宋槧本《科註法華經》　六册　稱名寺收藏
宋槧本《大慈恩寺三藏法師傳》　八帖　稱名寺收藏
宋槧本《弘明集》　稱名寺收藏

宋槧本《重編天臺諸文類集》　　二冊　稱名寺收藏

《明儒願文集》　　一冊　稱名寺收藏

金澤文庫的藏書，除右舉在江戶時代失去者外，尚有內、外典九十一部，㊴但那些書只有《唐柳先生文集》出自中原，其餘俱屬日本五山版或由日域人士鈔寫之圖書，故不擬錄列。

以上所說，乃進口者或收藏者能夠查考之外典，除此外，從日本禪僧之日記或外集，也可發見若干此類圖書之東傳，其內容如次：

元　黃　溍《黃溍卿文集》　　《臥雲日件錄》，康正三年九月十五日條

元　虞　集《道園學古錄》　　《蔗軒日錄》，文明十八年正月二十日條

元　賴　長《大雅集》　　《蕉窗夜話》

元　元好問《中州集》　　《蕉窗夜話》

元　《漁梁集》　　《蕉窗夜話》、《蠡測集》

元　程鉅夫《程雪樓文集》　　《蔭涼軒日錄》，長享三年五月七日條

元　薩都剌《新芳薩天錫雜詩妙選稿全集》　　《蠡測集》

元　王　沂《王徵士詩集》　　《蔭涼軒日錄》，長享三年正月二十八日條

元　蔣　易《皇元風雅集》　　《臥雲日件錄》，享德二年七月十七日條；《鹿苑日錄》，明應八年四月晦日條

元　高恥傳《群書鉤玄》（元）　《臥雲日件錄》，第五十七册封面〈書拔〉

元　《元詩體要》　《蕉窗夜話》

明　宋濂《潛溪集》　《蔗軒日錄》，文明十七年二月十二日條

明　宋濂《宋學士文集》　《蔗軒日錄》，文明十六年五月十五日條；《蔭涼軒日錄》，明應二年三月二十八日條

明　宋濂《續文粹》　〈慈照院三十三回忌陞座散説〉

明　宋濂《宋景濂文釋》　《實隆公記》，永正八年十月二十八日條

明　宋濂《蘿山集》　《臥雲日件錄》，寬正三年四月九日條

明　貝瓊《清江貝先生文集》　《臥雲日件錄》，享德三年十二月二十六日條

明　《皇明詩選》　《蠡測集》

明　張楷《皈田稿》　《蔗軒日錄》，文明十八年七月八日條

明　金湜《皇華集》　《蔗軒日錄》，文明十八年正月二十八日條

明　王興《和梅花詩序》　《蔗軒日錄》，文明十八年四月三日條

明　《大明珠玉草帖》　《蔗軒日錄》，文明十八年十月十二日條

明　《凱歌唱和集》　《蔗軒日錄》，文明十八年十月十八日條

由以上所列書目，我們可以看出當時日本禪林閱讀外典的範圍多麼廣泛。非僅如此，他們對中國

文壇的動態也頗爲熟稔。義堂周信《空華日用工夫略集》永和三年（洪武十年，一三七七）九月二十三日條云：

過如意菴，謝可藏主。且問江南近年儒、佛二氏人物。則禪林諸老往往西歸，今惟慍恕中一人，儒則宋景濂一人而已。

此言明初之名僧只有慍恕中，儒學則僅宋濂一人而已。明興纔十年，而他們已知中國當時之禪林與儒林之情況，這表示他們時時刻刻在注意中國此一方面之消息，所以他們纔能夠很快的將中國最新出版之圖書進口的。

五、日本禪林文學對後世的影響

日本自從武士興起，掌握政權（一一八五），王朝政治式微以後，公卿們對漢學的修養亦隨之沒落，反而由禪僧執漢學之牛耳，開出以鎌倉、京都五山爲中心的五山文學之花果。此種情形，實因日本禪林曾致力模倣中國禪林，並大量輸入中國的內典與外典，孜孜矻矻地研究中國詩文，且又有一山一寧、蘭溪道隆等文學修養極佳的高僧赴日，而扶桑三島的禪僧又受華人僧侶之影響，不完全反對外典，故從禪宗東傳（一二九一）以後至其南北朝時代（一三三六～一三九二），便前有虎關師鍊、雪村友梅、中巖圓月，後有夢窗疎石、義堂周信、絕海中津等傑出僧侶出現，使日本的漢學研究呈現空前的高潮。

日本此一時期的漢文學與前一時代之注重訓詁多作駢儷，模倣六一居士之詩風者不同，乃排斥漢唐訓詁之學，接受宋代性理之學；文以韓愈、柳宗元爲宗，詩則以蘇軾、黃庭堅爲範，間亦出入中、晚唐詩文之間。因此，宋人黃堅編輯的《古文珍寶》，與周弼編輯的《三體詩》成爲初學者必讀流行之書。然至室町中期以後，其文風卻逐漸僵化而無生氣。迨安土桃山時代（一五七四～一六〇二），更完全陷於停滯狀態。

在中國禪宗東傳史上，最值得注意的就是宋代理學也隨之東傳，而影響日本學術界、思想界至深且鉅。由於宋代性理之學與禪之教理靈犀相通，其作實際修養的居敬窮理與禪打坐見性有一脈相通之處，故禪僧容易瞭解它，並對它有一種親切感。㊵惟其如此，明教契高、北礀居簡、癡絕道沖、無準師範、石田法薰之輩方纔俱言儒佛不二，倡三教一致，而持容納儒學的態度，此乃宋代禪林的風尙。抑有進者，他們藉理學之概念或理論來說禪，這對親近理學之上層士大夫階級與知識分子之間宏揚禪宗極爲有效，㊶於是宋元時代，尤其南宋以後的禪林，他們爲研究佛理而研究宋儒學說。日本禪僧大舉來華留學的時期，正是南宋以降理學風靡學術界與思想界的時期。更有進者，中國禪僧之東渡，又是日本承認容納宋代理學以後，於是理學便自然隨禪宗東傳。

元明時代東傳的文獻資料中給日本深厚影響者之一，就是朱熹的《性理指要》與《四書集註》。《性理指要》雖不知由何人東傳，但揆諸當時情形，應不出於此一時代。然在東傳之初，卻未必被完全接受，所以我們不妨先看看他們接受理學的思想歷程。虎關師鍊《濟北集》〈通衡〉，五，卷末語云：

晦菴《語錄》云：釋氏只四十二章經，是他古書，其餘皆中國文士潤色成之。《維摩經》亦南北朝時作。朱氏當晚宋稱巨儒，故《語錄》中品藻百家，乖理者多矣，釋門尤甚。諸經文士潤色者，事是而理非也。蓋朱氏不學佛之過也。……又《維摩經》，南北朝時作者不學之過也。……朱氏不委佛教，妄加誣毀，不充一笑。又云：《傳燈錄》極陋，蓋朱氏之極陋者，文詞耳，其理者非朱氏之可下喙處。凡書者其文雖陋，其理自見。朱氏只見文字不通義理，而言佛祖之妙旨爲極陋者，實可憐愍。……朱氏不辨，漫加品藻，百世之笑端乎。我又尤責朱氏之賣儒名而議吾焉。《大惠年譜》〈序〉云：朱氏赴舉入京，篋中只有《大惠錄》一部，又無他書，故朱氏剽《大惠》機辨而助儒之躰勢耳。……朱氏已宗妙喜，卻毀《傳燈》，何哉？因是言朱氏非醇儒矣。

虎關的言論雖如此偏激，且斥朱子非醇儒，但此可能只在排佛方面作如是言論，於儒學道統方面則不然，因爲他對朱晦菴的哲學理論及《集註》並未見其直接論難。

時代稍晚的義堂周信與虎關稍異，他持容納朱子之見解的態度。他說：

近世儒書有新舊二義、程、朱等，新義也。宋朝以來儒學者，皆參吾禪宗，一分發明心地，故註書與章句學迥然別矣。四書盡朱晦菴，菴及第以《大慧》書一卷，爲理性學本云云。㊷

又說：

漢以來及唐儒者，皆拘章句者也。宋儒乃理性達，故釋義太高。其故何?則皆以參吾禪也。㊸

義堂乃五山文學的代表作家，由其言論可看出日本禪林的宋學觀之端倪。而「四書盡朱晦菴」一語，值得我們注意。然給朱熹以很高評價的，並非只有義堂而已，仲方(芳)圓伊曰:

時紫昜朱晦菴爲天下儒宗，以綱常爲己責。心究造化之原，身躰天地之運。雖韓、歐之徒，恐當斂衽而縮退矣。㊹

翱之慧鳳則曰:

建安朱夫子出於趙宋南遷之後，有泰山巖巖之氣象。截戰國、秦、漢以來，上下數千歲，諸儒舌頭，躬出新意。聖賢心胸，如披霧而見太清。數百年後，儒門偉人名流，是其所是，非其所非，置之於鄒魯聖賢之地位，仰之如泰山、北斗，異矣哉!三光、五嶽之氣，鍾乎是人，不然奚以致有此乎?㊺

由此看來，日本禪僧在初時朱熹還有所責難，然後持容納態度，到了最後則對他五體投地了。

翱之對朱熹既如此推崇，對理學之祖周敦頤的〈太極圖說〉也推崇備至。他在其《竹居清事》〈太極圖說〉中談其讀後感云:

太極者，無極也。是周舂陵發明易道以嘆之之言也。天地未判，陰陽未兆，謂之太極乎?父母未生，混混溟濛，謂之太極乎?是實難言。周家之老，纔以無極兩字註之。德山棒之，臨濟喝之，禾山之鼓，石鞏之弓，只註箇太極兩字。

誠如芳賀幸四郎所說，此不言對德山之棓，臨濟之喝，禾山之打鼓，石鞏之弓加上註腳者爲太極兩字卻反過來說「只註箇太極兩字」。㊻由這些言論，實可看出日本禪林之儒學主義與對理學的崇尙。這種崇尙理學的傾向在季弘大叔的言論中更可以得到證明。他在其《蕉庵遺稿》中云：

居士知彼天乎，天寔不易。云天也者，道也，理也，性也，一心也。仰而觀蒼蒼者謂之天，不近於兒童見耶？昔聖宋之盛也，周、邵、程、朱諸夫子出焉。而續易學不焰之光於周、孔一千餘年之後。太極無極，先天後天之說，章章于世，天非有先后之異，均具于太極一氣之中而已矣。且夫人之脩身誠意者，天與吾一而能樂其天者也。……天謂人欲幾靳絕，則云理，云道，云性，云一心，皆囿于混焚一理之中。猶如太極生兩儀、四象、八卦，凡天地萬物之道，含容于一太極也。㊼

因他們如此傾倒於理學，故桂林德昌方在其《桂林錄》〈除夜小參〉中言理學就是繼承孔孟之道統者唉雲方纔於《古文眞寶鈔前集》〈朱文公勸學文〉中謂：

以一心窮造化之妙，至性情之妙。正四書、五經之誤、作《集註》，作《易本義》，流傳儒道正路於天下者莫若朱文公。不以朱子爲宗，非學也。

而將朱晦菴捧上天的。上舉由批判而轉變爲推崇的宋儒觀、宋學觀之變遷，因禪僧之親近理學而互爲因素，終於開展了禪林文學。至謂：

源夫聖道之行於世，有晦有明。蓋自周衰孟子歿，斯道晦盲。若夫濂溪周先生，生乎千五百歲之後，繼不傳之正統，再興斯文已墜，誠天之所卑然也。斯道之晦盲，至斯時煥然復明於世矣周子傳之河南二程，二程傳至於朱子，而斯文益明。㊽

在此情形下，原爲京都相國寺僧侶的藤原惺窩之所以會還俗，林羅山之所以會走出建仁寺，良有以也，在江戶時代初期，日本漢學雖仍保留前一時代遺風，但當藤原惺窩出，遂奠定其近世儒學之基礎，從而造成日本研究漢學的另一個高峰。

藤原名肅，字斂夫，惺窩其號。出身貴宦之家。自幼入相國寺爲僧，學佛經，以俊秀見稱。後讀宋儒之書，服其性理之說，遂不慊佛教之絕仁種，滅義理，乃還俗歸儒。且爲更鑽研，於明萬曆二十一年（文祿二年，一五九三）啓程來華。途中，避風濤於薩摩（鹿兒島縣）山川港，偶得桂菴玄樹之「和點」經書而歸。遂倡朱子學說。桂菴曾於明英宗天順四年（寬正元年，一四六〇），以居座身分來華朝貢。正使天與清啓一行東返時，他卻仍留在中原達七年之久。回國後應島津忠昌之聘，在薩摩講學，遂成日本朱子學派之支流——薩南學派。

藤原獲經桂菴訓讀之經書後，遂提倡朱子學說，但他不只接受晦菴個人的學說，亦同時容納陸象山、王陽明等人的思想。其門下有林羅山、那波活所等俊秀，他們將原爲禪僧所擅長的漢文學繼承下來，開展近世文運的先聲。

惺窩的弟子以羅山最爲傑出，他博覽强記，日本程朱之學經他以後，遂奠定屹立不可動搖之基礎云。㊾羅山十八歲時即在京都講授宋學，二十二歲入惺窩之門。乃師見其態度懇切，稱他林秀才，遂傾囊相授。羅山二十四歲時（一六〇六），經藤原推薦擔任幕府儒官。之後，他極力排佛，駁老莊，斥陸、王，難耶穌教，力謀朱子學之振興。出身京都五山而竟排佛，崇朱熹之學，此與虎關師鍊之譏「朱子非醇儒」，相差何啻霄壤？然因他過分忠於朱子之學，故其說有時難免陷於褊狹，發生矛盾。其子孫世爲幕府儒官，負責江戶幕府二百六十餘年的文教工作。江戶幕府之所以將朱子學立爲官學，當與朱子君君、臣臣、父父、子子之倫理想思想適合其幕藩體制有關。惟其如此，幕府曾在其寬政二年（清乾隆五十五年，一七九〇）發佈「異學之禁」，禁止非祖述朱子學說之其他學派的學術活動。

雖然如此，其在民間的古學派（古義學派）之伊藤仁齋，與古文辭學派（蘐園學派）的荻生徂徠的學風仍風靡天下。其中，長於詩文的荻生對李攀龍、王世貞的古文辭學發生共鳴，乃以程、朱不知古文辭所以不通六經，以今文見古文，何能闡明先王之教？遂鼓吹文宗秦、漢，詩法唐人，而引起日本漢文學的一大革新。其門下的服部南郭且將李攀龍的《唐詩選》加以校刊，致力使之普及。於是它取代前此《三體詩》之地位而流行至十八世紀末。

迄至十九世紀初的文化、文政年間（一八〇四～一八三〇），日本漢學又有了新風尙。那是因市河寬齋、大窪詩佛，菊池五山等詩人出，鼓吹南宋詩，遂開宋詩流行之機運。文章方面則唐宋八大家之文上場，取代李、王之古文辭。之後，直到清朝桐城派古文之東傳爲止，唯流行八大家之文。當時的日本漢學界除朱子學、古學派、古文辭學派外，尙有以中江藤樹爲中心的陽明學派，他們祖述王守仁的知行合一，主張注重德行，也是當時在野學術的一股洪流。

前文已說，元明時代西來的日本禪僧曾把中國的內、外典東傳，又孜孜鑽研那些圖書，遂使其漢學研究達到空前的高潮，結出五山文學燦爛的成果。上舉圖書，亦只佔當時進口者冰山之一角，所以就其禪林讀書風氣鼎盛情形推之，上述所引之圖書必不能滿足其需要，所以自非設法刊行不可。日本當時的禪林開版事業，除天龍、相國、建仁、南禪、東福、臨川等大寺，及眞如、龍翔、顯孝等地方禪院外，若干武士及坊間也從事此一方面的工作。武人而出版佛書，當與他們身處板蕩之世，經常出入刀劍戈矛之中，殺伐無數，而欲減輕其罪孽之想法有關。此一時代經由武人開版而最爲有名的，就是武藏守高師直於元順帝至元五年（延元四年、曆應二年、一三三九）發刊的《首楞嚴義疏注經》十冊。在此所謂的開版，並非言重新鏤刻版面，乃是指利用既成板木來印刷。㊿元明時代以前的日本開版事業，只限於經論章疏或禪籍語錄等佛書，而不以營利爲目的，故其費用俱由勢豪家捐助，或募捐而來。可是此一時代竟出現以營利爲目的的坊刻出現，此當是後世書肆的濫觴。㉛而彼邦人士之所以會印書出售，必是受當時進口圖書之影響。㉜

日本中世以營利爲目的而雕刊的圖書，可由明初（應安〈一三六八～一三七五〉末）刊行的《新撰貞和分類古今尊宿偈頌集》爲證。據義堂周信《空華日用工夫略集》貞和三年（一三四七）條的記載，則此書原是：「余（義堂）在天龍據摭宋、元二代諸宿衲五七言絕句數千首，號曰《貞和集》，但應童蒙而已。」然此稿本在十一年後的正月，因天龍寺爲祝融所襲而燒失，但因曾經有人把它抄寫，因此，坊間牟利者得以開版發行。《空華日用工夫略集》永和元年（洪武九年，一三七六）四月十六曰條云：

今此印本乃未刪以前稿本也，不知何處俗士鬻利者妄寫且刊。

當時日本之以營利爲目的而刊行之圖書，當然不止於此部。據木宮泰彥的研究，日本人從其南北朝時代至室町時代之間，爲謀利而發刊的圖書是：經、論、僧傳等十九種；語錄、清規等四十七種；詩文集二十九種；史書五種；儒書、醫書、字書等九種；共一百九種。㊳他們既然以營利爲目的而出版這類書籍，但如非讀書界有此需要，也不會冒然刊行的，所以由此也可以看出當時日本人讀書情形之一端。

日本禪林及坊間之能夠大肆開版刊行中國文獻，除其實際需要外，中國刻工東渡之功也不可沒。我國刻工之大舉東渡，係在元末明初，亦即日本的南北朝時代。所以如果說日本的中式版本——五山版之黃金時代爲那些刻工所造成，也不過分。㊴就春屋妙葩於洪武四年（建德二年、應安四年，一三七一）主持開版的《宗鏡錄》而言，每一版都是經由中國人鐫刻的。此書乃共百卷二十五冊之鉅著。茲據木宮泰彥所爲調查，將刻工之名逐卷錄列如下：

1. 陳堯、堯
2. 陳堯、堯
3. 陳堯、堯
4. 陳堯、堯
5. 奄、陳堯、堯
6. 從、付、陳、資
7. 奄
8. 陳堯、李、康、成

9. 堯、林、成、王榮、大、康
10. 用、付、朱、李、大、成、堯
11. 文、從、尧
12. 尧、從
13. 才、才從
14. 從、鄭才、丁
15. 從、丁
16. 從、堯
17. 堯、陳、付、生、仍
18. 從、生、仍、盛、和、生
19. 從、李、俊、陳、付
20. 從、林、俊
21. 立甸、甸、褒、李褒
22. 用、才
23. 曹安、安、昭才、才、褒
24. 李褒、褒、昭才
25. 甸、才
26. 從
27. 甸、從
28. 用、褒
29. 甸、才、仲、陳仲
30. 用、從、陳仲
31. 陳堯、堯、仲
32. 從、才
33. 祥、仲
34. 從、才、祥
35. 從、褒、壽
36. 從、明、祥
37. 祥、明、溢
38. 仲、褒、祥
39. 祥、褒、明
40. 從、祥、仲、榮

41. 祥、明、堯、才、溢
42. 從、祥、明、溢
43. 才
44. 從、仲、邵文、祥、文、明
45. 明、才、榮
46. 祥、明、才、壽
47. 壽、祥、明
48. 祥
49. 祥
50. 明
74. 甫
75. 甫
77. 甫、福
78. 甫
80. 甫
81. 甫
82. 榮
88. 甫
89. 甫
91. 甫
92. 甫、良甫、榮
93. 榮、良甫
94. 榮、甫、良甫
95. 榮
96. 榮
97. 良甫
98. 孟榮
99. 孟榮、良甫、榮
100. 榮

因他們僅具刻自己姓名之一字或兩字，故無法查考其全名。但如去其重複，並加整理，則參與鐫刻這部鉅著者有陳堯、立甸、才從、付、資、李褒、康、成、林、王榮、大、用、朱、邵文、尧、鄭才、丁、仍、盛、和、俊、曹安、昭才、陳仲、祥、壽、明、溢、孟榮、良甫、福等三十一人。如據同書第百卷之〈後記〉所紀：

應安辛亥結制日，天龍東堂比丘春屋妙命工雕之　江南陳孟榮刊刀

則上舉孟榮者，該是此陳孟榮。這批刻工是為避元末之戰亂東渡的，此事可由《空華日用工夫略集》應安三年（洪武三年，一三七〇）九月二十三日條所謂：

唐人刮字工陳孟千、陳伯壽二人來，福州南臺橋人也。丁未年（一三六七）七月到岸。大元失國，今皇帝改用大明。孟千有詩，起句云：吟毛玉兔月中毛。

推而知之。

又據木宮泰彥的研究，當時東渡的刻工中最負盛名者為俞良甫㊺及陳孟榮。就今日所知，經良甫鐫刻而能徵信者有李善注《文選》六十卷等八部。㊻孟榮鐫刻之書，則除上舉《宗鏡錄》外，尚有京都臨川寺開版的《禪林類聚》。此乃將元大德十一年（德治二年，一三〇七），揚州天寧萬壽寺版覆刻而成，全書共一千一百餘葉，乃中式版本中規模浩瀚者之一，版心鐫有助錄僧侶百二十餘人之名及其捐助金額，在卷首目次後面有「孟榮刊施」字樣。據說這批華籍刻工都在京都一帶活躍著，㊼而此一時期既是日本中世將中國圖書進口較多時期，又是出版事業很盛的時代，所以如說中國文明的分支於元末在東瀛茁壯、開花也不為過。迄至明代，卻因倭寇猖獗，明太祖頒布下海通番之禁，並實施勘

老出力共賡此會皆藉湯普用心
也隨喜之緣有大於此者乎隆興
甲申十一月既望左奉議郎前提舉
福建路市舶晉安林孝寄書

福建道興化路莆田縣仁德里住人俞良甫於
日本嵯峨寓發憑自己財物置板流行
歲次甲子孟夏四月　日　謹題

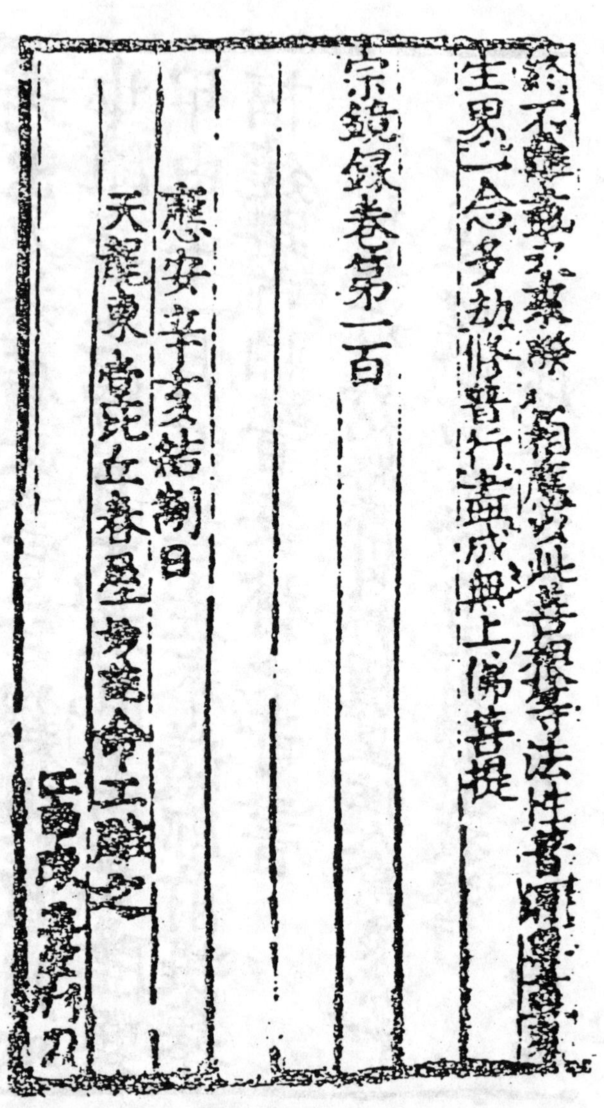

於不離當處不來不去願憑以此善根等法性普熏塵刹衆
生界一念多劫修普賢行盡成無上佛菩提

宗鏡錄卷第一百

應安辛亥結制日

天龍東堂比丘春屋妙葩命工鏤之

江南陳孟榮刊

合制度，所以日本僧侶也就無法隨意來華。㊿結果，中國圖書之進口自然受到影響，出版品也由「唐樣版」逐漸變成「和樣版」了。

六、結語

日本自武士興起，王朝式微，公卿們的漢學修養也隨其失勢而遠不如前。於是彼邦漢學便由兼修文學而詩文俱佳的禪僧，尤其是五山禪僧執其牛耳。扶桑禪林之所以能夠贏得此一地位，固然受到中國禪林釋、儒兼修的影響，但新興的武士階級之想擁有異於公卿的新文化，而禪宗的宗旨又適合於他們，於是他們便皈依禪宗，對禪宗保護有加，捐助偌大莊園與財富給禪僧，並興建規模宏大的寺院讓禪僧居住，且模倣南宋的官寺制度，設五山十刹。因此，日本禪林便有寬裕的財源，從而有較多的閒暇來讀書。

南宋以還，當教乘禪隨留華僧侶東傳日本後，不但使日本禪林研究內典的情緒昂揚，且造成他們學習外典的風潮。於是認爲「文字之學，於道不爲無助，雖讀外書亦可也。」㊾禪林學外典的風氣漸開的結果，終於有人達到「學通內外，乃至諸子百家，天文地理，陰陽之說，一以貫之，發而爲文，則郁郁乎其盛也」之地步。所以他們不僅有許多著作，而且給日本近世學術界、思想界很大的影響。他們的作品是純中國式的，遣詞造句也鮮有日本味，此可由前文所引述之文字獲得佐證。異邦人士而能有如此成就，則他們所下功夫實不難想像。在這種情形下，日本禪林前有虎關師鍊、雪村友梅、中巖圓月；後有夢窗疎石、義堂周信、絕海中津等傑出詩文僧相繼出現，使五山文學到達最高潮。惟他們的漢文學與前一時代不同，故斥漢唐訓詁之學，接受宋代性理之說，文以韓昌黎、柳子厚爲宗，詩以蘇東坡、黃山谷爲範，間亦出入中、晚唐詩文之間。因此，黃庭堅的《古文眞寶》，與周弼的《三體詩》遂成爲初學者必讀之書而流行。但因他過分崇信朱子學的結果，其觀念竟由當初之非難「朱子非醇儒」逐漸轉爲「不以朱子爲宗，非學也」之地步。於是藤原惺窩、林羅山之輩，居然去佛從儒，專事外典之鑽研了。

當時的日本禪林之讀書風氣既盛，就要有許多圖書來因應其需要，故元明時代東傳的圖書必然不在少數。惟因當時日本進口的文獻，不若明末清初之有清單可資查考，⑥⓪故只能從日本禪林的著作，及當時成立的文庫中去判斷。雖然如此，在上文中漏列者必多，只能窺其一端而已。

由於當時需要，在日本禪寺之間遂有人以進口圖書爲藍本，開版印刷，使之廣爲流通。但他們的出版品並不以營利爲目的，故其資金多由勸募或捐助而來。另一方面，則有人仿元代書肆，專爲營利而開版，故其所出之書不似禪門之侷限於內典而各類書籍都有。如此一來，不僅日本模倣中國版式的五山版圖書之問世達到高潮，而且那爲射利而印書者，也成爲日本書肆之先河。但在刊印這些書時，華人刻工之功是不可磨滅的。

【註　釋】

①：請參看上村觀光《五山文學全集》，五冊（昭和四十二年，京都，思文閣）；玉村竹二，《五山文學新集》，八冊（昭和四十二～四十七年，東京，東京大學出版會）。

②：有關宋、日交通事，請參看森克己，《新訂日宋貿易の研究》（昭和五十年，東京，國書刊行會）、《續日宋貿易の研究》（同上）、《續續日宋貿易の研究》（同上）、《增補日宋文化交流の諸問題》（同上）。

③：《元史》，卷二〇，〈成宗本紀〉，三，大德三年三月癸巳條。請參看鄭樑生，《明史日本傳正補》（民國七十年，臺北，文史哲出版社），頁九八。

④：請參看辻善之助，《日本佛教史》，四（昭和四十年，東京，岩波書店），頁八〇～三五一。

⑤：同註④。

⑥：玉村竹二，〈教團史的に見たる宋元禪林の生活〉，收錄於《墨蹟資料集》（美術研究資料），附冊。

⑦：同註⑥。

⑧：有關此一方面的師承關係，請參看玉村竹二，《五山文學——大陸文化紹介者としての五山禪僧の活動》（昭和四十一年，東京，至文堂），頁一九三。

⑨：請參看伊藤松，《鄰交徵書》（日本天保戊戌〈一八三八〉序刊本），初篇，卷二，〈詩文部〉。

⑩：道衍撰《蕉堅稿》〈序〉云：「日本絕海禪師之於詩，亦善鳴者也。自壯歲挾囊乘艘，泛滄溟來中國，客于杭之千歲嵒，依全室翁（中竺的季潭）以求道，暇則講乎詩文，故禪師得詩之體裁，清婉峭雅，出於性情之正，雖晉唐休徹之輩，

亦弗能過也。」如蘭所爲之〈跋〉則云：「雖吾中州之士老於文學者不是過也，且無日東語言氣習，而深得全室之所傳也。」

⑪：請參看義周信，《空華集》（《五山文學全集》，二），及上擧玉村竹二，《五山文學》。

⑫：玉村竹二，前擧書頁五一～一〇六；蔭木英雄，《五山詩史の研究》（昭和五十二年，笠間書院），頁二五～八八；芳賀幸四郎，《中世禪林の學問および文學に關する研究》（昭和五十六年，思文閣出版），二四頁。

⑬：玉村竹二，前擧書三八頁。

⑭：晦機元熙（一二三八～一三一九），臨濟宗楊岐派大慧派。江西南昌人。俗姓唐。原期望爲進士，與乃兄元齡同讀書。後從西山明出家，遇物初大觀於玉兀開法，遂侍之而嗣其法。歷居百丈山、淨慈寺及仰山。元仁宗延祐六年閏八月十七日示寂。世壽八十二。（典據：《會元續略》，三；《續傳燈錄》，三六；《增續傳燈錄》，三）。

⑮：虎關師鍊，《濟北集》〈一山國師行狀記〉。

⑯：中巖圓月，《東海一漚集》，卷三，〈與虎關和尙〉。

⑰：竺仙梵僊，《天柱集》〈示中岩首座〉。

⑱：夢窗疎石，《夢中問答》〈三會院遺戒〉云：「我有三等弟子，所謂猛烈放下諸緣，專一窮明己事，是爲上等。修行不純，駁雜好學，謂之中等。自昧己靈光輝，只嗜佛祖涎唾，此名下等。如其醉心於外書，立業於文筆者，此是剃頭俗人也，不足以作下等。」

⑲：義堂周信，《空華日用工夫略集》，應安四年十二月十六日條。

⑳：義堂周信，前舉書應安五年八月一日條。

㉑：義堂周信，前舉書應安六年三月十九日條。

㉒：義堂周信，《空華集》，卷一一，〈演宗講主詩序〉。

㉓：《瑞巖禪師行道記》。

㉔：元、日關係中最難令人忘記的固爲忽必烈之兩次東征，但兩國關係並未因此惡化。事實上，第一次東征後不久的世祖至元十四年（建治三年，一二二七），日本商船也依舊來華，此事可以《元史》〈日本傳〉至元十四年條所謂：「日本遣商人持金來易銅錢。許之。」爲證。至當時兩國交通頻繁事，請參看魏榮吉，《元・日關係史の研究》（一九八五年，東京，教育出版センター）頁二三〇～二六四，及木宮泰彥，《日華文化交流史》（昭和四十年，東京，富山房），頁四一〇～五一九。

㉕：瑞溪周鳳，《善鄰國寶記》（續群書類從本），寬正四年〈遣明表〉。

㉖：橫川景三，《補菴京華集》〈別集〉。

㉗：《明憲宗實錄》，卷一七〇，成化十三年九月乙丑朔辛卯條云：「日本國遣正使妙茂等來朝，貢馬及方物。賜宴並金襴袈裟、綵段等物。仍令齎敕及白金、錦段，回賜其國王及妃。妙茂又以國王意，求《佛祖統紀》等書。命以《法苑珠林》與之。」《明史》〈日本傳〉，成化十三年九月條並見此事。

㉘：該兩庫之藏書容或有元代以前東傳者，但那也僅限於草創期收藏的若干唐刊本與宋刊本，數目也可能不會很多。因爲除非當時有人捐贈，或主其事者大肆蒐購，實不可能在短時間內有那麼多圖書被收藏於此。直至目前，也尙未發見有人捐

贈大批圖書給此兩機構之紀錄。

㉙：請參看足利衍述，《鎌倉室町時代之儒教》（昭和四十五年，東京，有明書房），頁五八六～六六四。

㉚：萬里集九，《梅花無盡藏》，文明十八年十月二十七日條。文中（　）內之註乃萬里之所爲。又，足利衍述以爲註中之「一大」，可能爲「X」，亦即「五」之誤。所謂「五時教」，就是釋迦一代之教，見足利氏前舉書頁六六七。

㉛：鄭舜功，《日本一鑑》〈𣀮島新編〉書籍條。請參看拙著《明史日本傳正補》，頁六二四～六三一。

㉜：足利衍述，前舉書頁六六七。

㉝：釋鐵山，《鐵山錄》，卷中。

㉞：足利衍述，前舉書頁六六八。

㉟：同註㉜。

㊱：德川幕府儒官林羅山（一五八三～一六五七），曾於明萬曆四十四年（元和二年，一六一六）以「金澤」爲題，嘆金澤文庫藏書之散佚云：「懷古淚痕羈旅情，腐儒早晚起蒼生。人亡書泯幾回歲，竟致空留金澤名。」（林羅山，《羅山詩集》，卷一）。

㊲：足利衍述，前舉書頁六六九。

㊳：請參看足利衍述，前舉書頁六六九～六七四。

㊴：足利衍述，前舉書頁六七二。

㊵：芳賀幸四郎，《中世禪林の學問および文學に關する研究》，頁五一。本節據此立說。

㊶：芳賀幸四郎，前舉書頁五一。

㊷：義堂周信，《空華日用工夫略集》，永德元年九月二十二日條。

㊸：義堂周信，註㊷所舉書永德元年九月二十五日條。

㊹：仲方（芳）圓伊，《懶室漫稿》，卷五，〈野橋梅雪圖詩序〉。

㊺：翺之慧鳳，《竹居清事》〈晦菴序〉。

㊻：芳賀幸四郎，前舉書頁六六。

㊼：季弘大叔，《蔗庵遺稿》；《蔗軒日錄》，文明十七年九月二十六日條。

㊽：文之玄昌，《南浦文集》〈與恭畏阿闍梨書〉。

㊾：永井一孝，《江戶文學史》（昭和四年，東京，文獻書院），頁一九。

㊿：木宮泰彥，《日本古印刷文化史》（昭和七年，東京，富山房）頁二八八。中村直勝，〈南北朝時代の出版事業〉，收錄於《南朝の研究》。當時也有人開新版刊行《大般若經》的，日本久原文庫典藏之該經第六百卷〈後記〉之原文云：

開版比丘尼義選

大般若波羅蜜多經卷第六百

此經版喜捨施入江州佐佐木新八幡宮專爲江上酬恩下資三有無邊法界廣大流通者

康曆元年己未八月七日

幹緣比丘勝源

願主當國太守菩薩戒弟子崇永

按：康曆元年相當於明洪武十二年（一三七九），崇永爲武士佐佐木氏賴之法號。

51：木宮泰彥，註五〇所舉書頁二六九。

52：日本公文書館（內閣文庫）所典藏的數十種元槧本鐫有某書堂、某書院之印記，例如：

山谷外集　至元二十二年（一二八五）刊

建安熊氏
萬卷書堂

王狀元集百家註分類東坡先生詩　至元二十三年刊

丙戌歲孟冬月
安正書堂新刊

大廣益會玉篇　至正二十六年（一三六六）刊

至正丙午良月
南山書院新栞

善本大字直音句讀孟子

沈氏尚德
書堂新刊

古杭沈比尚德書堂印

由此亦可知我國在元代已有書堂、書院，它們以營利爲目的而大肆刊行外典，而當時的日本人事事模倣中國，所以他們之在此一方面也加以仿效，亦不難推知。有關當時的日本人事事模倣中國事，請參看拙著《明史日本傳正補》，頁二四九～三五九，及《明代中日關係研究》（民國七十四年，臺北，文史哲出版社），頁一五七～二〇二；〈元明時代東傳日本的水墨畫〉（民國七十五年，同上），頁九三～一一一。木宮泰彥，《日本古印刷文化史》，頁二六九～二八六。

(53)：請參看木宮泰彥，《日本古印刷文化史》，頁二二七～二八五。

(54)：請參看木宮泰彥，註(53)所舉書頁二五八～二六八，及《日華文化交流史》，頁四八八～四九八。

(55)：如據日本五山版李善注《文選》、《傳法正宗記》、《唐柳先生文集》等書的〈後記〉所紀，則俞良甫乃元代福建道興化路甫田縣仁德里人。因他在洪武三年（一三七〇）已刻完《月江和尚語錄》下集，所以他至遲在明朝成立時已抵日本。直至洪武二十八年（應永二年，一三九五）《般若心經》刊行爲止，他至少有二十五年時間在日本從事開版工作。請參看本篇末所附書影。

(56)：經俞良甫之手完成的八部書，除前舉《宗鏡錄》、李善注《文選》外，尚有：《月江和尚語錄》下集二冊（洪武三年，應安三年，一三七〇），《碧山堂集》一冊（洪武五年，應安五年），《傳法正宗記》六冊（洪武十七年，至德元年）

，《新刊五百家註音辨柳先生文集》二十冊（洪武二十八年，應永二年），《般若心經》一冊（洪武二十八年，應永二年），《無量壽禪師日用清規》一卷（刊行年代不詳）等六種。

57：木宮泰彥，《日華文化交流史》，頁四九〇～四九一。

58：因明太祖頒下海通番之禁，從明初就開始實施勘合制度，致日本僧侶無法自由來華事，可以日本禪僧瑞溪周鳳（一三九一～一四七三）在其《善鄰國寶記》〈文明二年龍集庚寅臘月二十三日臥雲八十翁瑞溪周鳳書于善鄰國寶記後〉所謂：「所謂勘合者，蓋符信也，此永樂以後之式爾。……自古兩國商船，來者往者，相望於海上，故爲佛氏者，大則行化唱道之師，小則遊方求法之士，各遂其志。元朝絕信之際尙爾，況其餘乎。有勘合以來，使船之外，絕無往來，可恨哉？」得知其梗概。請參看拙著《明史日本傳正補》、洪武四年條，及〈明代勘合制度與日本的關係〉（The Conference on Sino-Korean-Japanese Cultural Relations，一九八三年，臺北，太平洋文化基金會）、〈明朝海禁與明本的關係〉（《漢學研究》，一卷一期。民國七十二年，臺北，漢學研究中心），《明代中日關係研究》，頁一九～一三七。

59：《瑞巖師行道記》。

60：請參看大庭脩，《江戸時代における唐船持渡書の研究》（昭和四十二年，京都，關西大學東西學術研究所）。

佚存日本的《全浙兵制考》

一、前　言

有關明代中、日兩國貢舶貿易的問題，雖有不少學者曾經探討過，①但對此一時代的海防問題，尤其是兵制問題，則除少數明人的著作及明清兩朝人士編纂的若干方志，或當時的封疆大吏在其奏疏中提及者外，並不多見。即就目前保存於臺灣之明人著作而言，除《籌海圖編》②、《兩浙海防類考續編》③、《海防纂要》④、《武備志》⑤等幾種文獻外，殊少發現專門討論兵制問題的，所以很難窺見當時此一制度之全貌，此未嘗不是一件令人遺憾的事情。不過筆者近年在日本東京公文書館發現明人侯繼高纂輯之《全浙兵制考》，就書名可知，它是專門敘述兩浙地區之兵制問題的，它雖無法使人瞭解長江以北，福建以南地區有關此一方面的制度，卻可從而推知當時明朝在沿海地方設防之梗概。因此，該書對研究明代海防與兵制等問題應有相當之助益。

二、本書作者與其結構

《全浙兵制考》的作者侯繼高，《明史》無傳，其宦蹟亦不見於他書，故其生平如何，難究其詳。惟該書卷三〈造修福船略說〉紀謂：他曾備役潮、漳，專駐南澳，實兼攝廣、福二省之事。萬曆二十年歲次壬辰（一五九二）仲夏當時之職銜爲「欽差鎭守浙江等地方總兵官後軍都督府僉事」，如據《明史》卷七六，〈職官志〉五所紀，則都督僉事之品秩爲正二品。鎭守浙江的總兵官一員，嘉靖三十四年設，總理浙直海防。三十五年，改鎭守浙直。四十二年，改鎭守浙江。舊駐定海縣，後移駐省城。由此觀之，繼高的官秩既高，權限也大。

本書爲萬曆二十年序刊本，每頁九行，每行十八字。它分前後兩大部分。前半部共三卷，首、二兩卷專述兵制問題與衛所烽堠，亦即卷一紀杭嘉湖、寧紹兩個地區之兵制和各該區之倭亂；卷二紀臺金嚴、溫處兩區之兵制與其倭亂；而每一區都附圖以補充其說明，使讀者披閱後便能一目了然。卷二且附「近報倭警」，分別紀錄琉球中山王府長史掌司事，原籍福建長樂縣人鄭迵與福建同安船商陳申（或作甲），將日本豐臣秀吉即將寇掠中、朝兩國的消息哨報明朝之事，及當時在九州薩摩地方（鹿兒島縣）懸壺濟世的許儀俊（或作後），使被倭所擄江西臨川縣民朱均旺投狀哨報日本即將入寇之文件，並「附纂造新修大小福鳥船工料數式」。其後半部則爲《日本風土記》凡五卷，分別記述日本當時之風土民情。各卷看似獨立而沒有多大之相關，實則完全依據明代當時浙江海防之需要而分述之，亦即針對倭寇問題而爲此書之主題，故有《日本風土記》五卷，亦不難明白作者之用意所在。

三、兩浙衝要之地

歷來國人所繪海圖皆以延袤長亙取直而繪，以便觀覽。殊不知地形生成有突然而凸出者，有闕然而凹入者。一出一入，則方向易位，顧考地理者每失其眞而莫之究。如全浙地形惟寧波府伸在海外，坐於申位；臺、溫兩府則逶迤而坤，轉丁則爲福建。直隸則又突然而兌，逶迤轉乾則爲山東。登、萊二府亦伸在海外。以函夏觀之，則廣東居南，山東居東；以海四包而觀，則又不然。故東南沿海惟防倭爲首要。在地理上，日本居東北而中國位於西南，彼國之西南而中國之東南；彼此遙遙相對。而浙直外洋有陳錢山與日本正對而不數日便可達彼地，所以倭寇入犯浙直必由此山信風分路。因此，陳錢山爲二省之要害。⑥明世宗三十年代的兵部尙書胡宗憲，曾論直隸、浙江名雖異地而實則一家，若不設兵總理，則彼此自分門戶，故必共守陳錢，分守馬蹟、羊山、大衢三道而後賊無遁情。⑦

在杭州、嘉興、湖州方面，則省會以錢塘江分界爲浙之西，頗居內地而海寧縣實其障蔽。故當時議者以鱉子門、烏嘴頭有兵舡一枝巡哨，赭山有陸兵一枝防堵，則省城可安。若賊乘正風由徐公、羊山入鱉子門，可犯省城，則又當嚴責羊山巡邏之兵船。浙西沿海之地，以縣論之，海鹽爲重，海寧次之；以所論之，乍浦爲重，澉浦次之。此乃因白沙、梁莊等處與南直隸毗聯，最爲要害；而西海口係平湖縣咽喉。所以此一地區亦須嚴加設防，以堵截寇賊之來襲。如據《明實錄》、《明史》、《倭變事略》、《籌海圖編》、《江南經略》、《嘉靖東南平倭通錄》、《浙江通志》、《江南通志》、《杭州府志》等書的記載，則賊首王直在嘉靖三十三年率眾分掠此一地區時，曾破乍浦，攻海鹽。明年徐海率眾攻乍浦，犯平湖，破崇德，犯湖州；分掠嘉興；又分掠乍浦、平湖。又明年，陳東、麻葉合攻乍浦；圍桐鄉、新場；又合屯乍浦、海鹽。故此一地區之成為倭寇屢犯之地，由此可徵。

就寧波、紹興地區而言，寧波三面環海，最為扼險，若賊由兩頭洞、馬墓，歷烈港，南由大茅洋入金塘山，則皆犯定海，而江道深通，一瞬可抵郡城。由崎頭入湖頭渡，則南犯昌國、錢倉，直抵象山。由火焰山五嶼入龍山港，則犯觀海，直抵慈谿，此所以為要衝之故。定海門戶則舟山二所懸於海中，四圍皆山，山外皆海，頗為深阻，而倭曾侵犯。倭繼高以為山之周遭地塲甚廣，可種稼穡。以其近定海而附舟山，所以民多趨而蟻聚，難以禁遏。有警，當驅令入縣，所以寓清野之意。⑧如金塘、蘭秀、劍岱諸山，田多可墾，慎毋開端興利，以資盜糧。⑨東南普陀山又近在舟山之外，往往倭奴假焚香之名登之，實窺我方之虛實，其巡檢澳、釣魚礁、白沙港之兵船所宜重。若賊由漁山入觀海，犯餘姚；由瀝海入蟶浦，至曹娥江，則江北犯東關，南犯上虞，直抵郡城。由羊山歷灘、許二山入錢塘江，直犯蕭山，則北岸、浙江一帶殊為可虞。所以龕山之陸兵又不可輕忽。

在臺州、金州、嚴州方面，金、嚴勢居堂奧，有杭州、紹興為之屏藩，屏藩守而堂奧安。臺州府則三面阻山一面濱海，乃四塞孤懸之地。萬山盤旋則兵援、餉運稱難；七港錯列則寇入、舟通稱易。故嘉靖三十一年則陷黃巖；⑩三十二年攻太倉、海鹽、嘉定諸縣；⑪三十五年破仙居；⑫三十七年攻臺州；⑬三十八年攻象山、楚門，襲松門；⑭四十年犯新河，攻臺州；⑮此固為許多被害地區中之若干例子，卻可以之為頻年皆受荼毒之佐證。

至於東南上游，溫州實當之。溫州與閩接壤，向來彼此貿易，而倭患自閩始。閩省漳、泉之徒，通番牟利，勾引且未可測。如據鄭若曾《籌海圖編》、《江南經略》、錢微《虔臺倭纂》等書所紀，則倭若入閩，必經溫州。外洋往來，風潮叵測，極易飄犯。自流江至鎭下門、江口渡、飛雲渡、海安港、黃華港、蒲岐港止，在在水路衝達，故戒備不容不密。侯繼高以為若賊自陳錢分粽，由南魚山直犯溫州，但冬季多東北風，故小汛尤宜堅防。⑯職是之故，侯氏對全浙地區的衝要地方特別注意而詳繪地圖以示其所在，使閱讀者看後能夠明瞭各衝要地區相互間的利害關係，與夫在協防上必須留意之處。從而可知，兩浙地區的形勢關係既如此重要，而且又為倭寇必侵掠之豊饒地區，則它之必須設防以杜寇犯，乃勢所必然。因此，侯氏在本書所作有關衝要地區之說明，可謂洞察機微，掌握重點。

四、兩浙兵制

筆者為編校明代倭寇史料集，⑰曾經遍查臺灣公藏與佚存日本之多數善本圖書，及明、清兩朝人士之其他著作，惟管見所及，論海防、江防者固多，卻多係泛泛之論，鮮有作具體而深入探討且可奉為圭臬之言。就各種不同版本之方志而言，其建置志、藩省志、官政志、官師志、秩官志、兵防志、兵戎志、武備志、武備記、武備圖、經武志、海事志、海黎志等篇什雖也都紀錄若干海防、江防、兵制關係之資料，然或僅書海防或江防，或城寨，或陸兵，或水兵，或民兵，或客兵，或兵餉之其中數項，故言而不周，記載亦不夠詳盡而難窺其全貌。⑱但侯氏的《全浙兵制考》對這種過失都能給我們一一彌補，使讀者在翻閱以後，對明代兩浙地區的兵制能夠全盤瞭解。例如：它在首卷卷首〈全浙水陸兵制並沿海地里烽堠考〉兵制條錄列全浙之水陸兵員額、船額及其官兵之餉銀云：

一、全浙：陸兵共四十四總，水兵共六十哨。水陸民兵、雜流員役通共三萬八千七百六十六名；水陸軍兵通共一萬四千三百二十名。

一、全浙：福、蒼、沙、唬等船通共一千八隻（除小划船不計）。

一、全浙：歲該水陸官兵餉銀並軍糧折銀通共四十九萬四千九百四十兩九錢。

如據此紀錄，則我們不僅可以得悉明代兩浙地區的水陸軍兵、民兵與夫雜流員役之員額，和此一地區所擁有的各類船隻之總數，而且亦可從而得知其每一官兵之餉銀的平均數。就侯氏當時之職位推之，其內容之正確性應值得信賴而具有相當的可靠性。

在記載全浙兵員、船隻、餉銀並軍糧折銀之後，又分別錄列軍門標下與總鎮標下的兵員配備之情形云：

一、軍門標下：遊擊二員。陸兵名色把總九員，哨官四十五員。民兵七總，官兵、雜役共三千八百員名。軍兵二總，官兵、雜役共一千八十六員名。水兵名色把總二員。南關水兵一枝，哨船二十四隻，官兵三百二十員名。北關水兵一枝，哨船二十五隻，官兵三百二員名。水陸歲支餉銀共六萬五千二百七十兩五錢。

一、總鎭標下：坐營把總一員。陸兵名色把總四員，哨官二十員。民兵五總，官兵、雜役共二千六十四員名。中軍水哨名色把總一員，中遊、左、右水哨名色把總二員，哨官四員。水兵三枝，大小戰船共一百二十九隻，民兵共二千五百七十七名，軍兵共五百九十六名。水陸歲支餉銀共五萬六千三百七十一兩九錢。

在此之後則分杭嘉湖、寧紹、臺金嚴、溫處四區，每區之下復分兵巡道、總，然後各詳其備倭把總，水、陸哨官、民兵、軍兵、水哨官、水兵、大小戰船，以及歲支餉銀總數，使人一看便知。此實本書所獨有特色之一而爲他書所無，誠爲研究明代兵制之最佳史料。

至於倭寇分合必由處，各式戰船之優點與弱點所在，及其使用方式，各種銃砲之種類，何種切實有用，何種不過眩人視聽，徒然糜損工錢而無用，以及敵我兩船相接之時，何法攻禦最是上策等均有所說明。因此，如能將此一部分文字與茅元儀之《武備志》，及戚繼光之《紀效新書》等相互參照揣摩，當更能瞭解當時用以禦倭之各項軍備的性能。

大家都知道，禦倭之策，當以阻於海，不使登陸爲上，惟舟之所以載於兵，兵之所以賴於舟，即所謂之水上人家。舟不堅固，不惟無藉以克敵，而數十之生命攸關。大海澒濛，風濤霾雨，變幻倏忽而天日改觀，掀揭澎湃，人力莫支；一具之不良，鮮不有誤，何況於舟？因此繼高亦留心其間，每遇造修之時，必躬親監督，若匠首然。而命之曰某也斧，某也鑿，某可爲艕，某可爲底，某當抱極，某當勾拴。自起𦩲以至竣工，逐艙逐板逐縫，一一爲理。⑲繼高又認爲前此造舟，往往爲有司委官，務爲節省，以要虛名，不顧船工之可否。又有染指於中，通同下人，以致短狹其尺寸，稀薄其釘板，而船無實用矣！所以繼高在書中謂每造軍船時，應議凡係估計委官就董其工，工完之日，必令兼同將官出洋駕使，船果堪用，實行薦奬，以酬其勞。又，必選殷實慣海之人充爲捕盜，庶以本船爲家，休戚所繫，自爾經心，必得堅固，苟不如式，亦可究詰、賠償。⑳繼高的此一構想與建議，曾蒙廣、福二省軍門允行。故當時海防之較嘉靖初整飭，除俞大猷、戚繼光、劉燾諸將之力外，當與造船條件要求的嚴格不無關聯。惟是料物工價，丈尺數目，若不一一算計，畫有成規，則漫然無稽，恐後之同志者無以藉手。物價固有貴賤，而低昂可衡，其中即有不同，在隨時裒益。所以侯氏在本書中，對物料工價，除零星不記外，每一大小軍船所需之工料數式與價格莫不一一錄列，此乃本書之又一特色。據此，即可明瞭當時每一大小軍船之造價若干；又據上述兵員配備之情形，便不難推算當時明廷用於兩浙地區海防軍費之總數。至於侯氏之所以將福船之工料數式附入浙中兵制者，乃由於兩浙地區亦用福船之故。

五、兩浙倭亂

兩浙形勝太半負海，倭寇之來，最爲切近，日本舊時貢道在此。論列郡之海口，則溫州之飛雲、横陽、館頭；臺州之松門、海門；寧波之定海、大浹、湖頭渡；紹興之三江、沙門；杭州之赭山、龕山；嘉興之乍浦、澉浦；皆倭寇窺犯之地，列郡之門戶。論海洋之要害，則金盤之鳳凰山、南麂山；松海之大陳、佛頭；昌國之韮山；定海之舟山。遠而陳錢、馬蹟、下八山；臨觀之烈港；海寧之羊山許山；皆倭寇必經之地。更有進者，浙東地形突出海外，固爲當敵要衝，浙西雖設裏海而豪華財帛之所聚，尤爲賊所垂涎。㉑兩浙地區之倭亂雖在洪武年間（一三六八～一三九八）即已發生，但當時情形尚不嚴重。㉒直至世宗嘉靖二十年代（一五四二～一五五一）後半，其肆虐方纔趨於猖獗，而以三十年代爲尤甚。因爲：

祖制：浙江設市舶提舉司，以中官主之，駐寧波。海船至則平其直，制馭之權在上。及世宗，盡撤天下鎮守中官，並撤市舶，而濱海奸人遂操其利。初，市猶商主之，及嚴通番之禁，遂移之貴官家，負其直者愈甚。索之急，則以危言嚇之，或以好言紿之，謂我終不負若直。倭喪其貲，不得返，已大恨。而大奸若汪（王）直、徐海、陳東、麻葉輩，素窟其中，以內地不得逞悉逸海道爲主謀。倭聽指揮，誘之入寇。海中巨盜，遂襲倭服，飾旂號，並分艘掠內地，無不大利，故倭患日劇。㉓

明廷爲因應此一事實，乃聽從巡按浙江監察御史楊九澤之議設浙江巡撫，㉔擢巡撫南贛右副都御史朱紈提督浙閩海防軍務，巡撫浙江。㉕紈上任後，採革渡船，嚴保甲，搜捕奸民之措施，㉖遂引起閩、浙大姓之勾倭與從事走私勾當者的不安忌恨而排斥他。更有甚者，出身福建的巡按御史周亮，給事中葉鏜等人竟上言謂：浙江巡撫如兼攝福建海防，恐有貽誤事機之虞，且無先例，宜改紈爲巡視。凡有關城池、倉庫、錢穀、甲兵、刑獄之事，不使過問，而欲殺其權。在朝的周亮之同黨，也擁護處分朱紈的言論。結果，世宗竟聽其言而奪紈官。㉗因此，紈之嚴厲海禁之策遂寢而不行。朱紈被罷以後，非但不復設此一職位，反而應御史宿應參之請，復寬海禁。於是舶主、土豪益連結倭賈，爲奸日甚。官司以目睹，莫敢誰何。㉘更有甚者，貴官之家、富室每每與倭寇狼狽爲奸，致使沿海郡縣的治安工作益發困難。㉙同時，武備廢弛而難禦外敵，㉚政治腐敗，㉛軍紀紊亂，㉜雙方戰術的差異㉝等，亦使寇盜易於肇亂。

對兩浙地區的寇亂問題，侯氏也曾注意及此而將其被害情形紀錄下來，並在他所畫分的地區之區圖、圖說、兵制、衛所、烽堠之後別立「本區倭亂紀」一項，以紀各該地區之討伐倭寇，及被倭寇侵掠情形之梗概。惟其中若干紀事爲他書之所無，或有而不夠詳盡。例如《世宗實錄》，卷三九六，嘉靖三十二年閏三月丁未朔甲戌條所謂：

海賊汪直，糾漳、廣群盜勾集各梟（島）倭夷大舉入寇，連艦百餘艘，蔽海而致（至）。南自臺、寧、嘉、湖，以及蘇、松，至於淮北，濱海數千里，同時告警。

我們姑且不論糾漳、廣群盜入寇者是否爲海賊汪（王）直，《明史》卷三二二〈日本傳〉同年條也並見其事，而其文字與《實錄》大同小異。然均語焉不詳，無法看出明廷對此寇警所採取的因應措施。但《全浙兵制考》，卷一〈寧紹區倭亂紀〉卻謂：

閏三月，王都御史忬，遣參將俞大猷等攻破烈港賊巢，王直敗走。官兵戰賊于烈港，軍人葉七死之。

《籌海圖編》卷五，〈浙江倭變紀〉雖也述及俞大猷奉王忬之命攻破烈港賊巢之事，但並未提及葉七之陣亡。又，《全浙兵制考》在上述紀事之後的四月條中續謂：

賊犯定海縣，官兵擊敗之。

參將湯克寬，攻破馬蹟潭賊巢，王直敗走。

賊犯三江港口，百户陳高、王義死之。

賊陷昌國衛，百户陳表，孝子劉普，死之。

然《實錄》與《籌海圖編》均未提及這些事件，而嘉靖《浙江通志》對上述那些寇亂也毫無記載。由此，亦知侯氏此書記述之詳贍，對補充各書有關此一方面之記載的不足處，有其相當之貢獻。

六、附錄近報倭警

大家都知道，豐臣秀吉曾於明神宗萬曆二十年（宣祖二十五年，文祿元年，一五九二）發動侵略朝鮮半島的國際戰爭，而明廷曾應李氏朝鮮之乞求，派遣數十萬大軍馳援，並費數十萬兩銀子來阻遏侵略軍之肆虐，使朝鮮得免淪爲日本之殖民地。直至秀吉去世（一五九八年八月），日本方纔鳴金收兵，依次撤回。在秀吉發動大軍橫渡對馬海峽之前，曾有許儀俊、陳申及琉球長史鄭迴等，將其即將入寇之消息哨報明朝有關部門，希望明廷及早部署，俾能將禍害減至最低限度。

有關秀吉計畫入寇於明之事，可由侯氏《全浙兵制考》〈附錄近報倭警〉，及日人伴信友於江戶時代後期所輯《中外經緯傳》（續群書類從本）卷四所載，當時在日本薩摩的華人許儀俊、郭國安、朱均旺等致本國書窺見其端倪。此一哨報所紀秀吉即將動員侵略軍數目為百萬，它與日方文獻《富國文書》或《天正記》所錄之三十萬相差甚遠而不足採信。惟文中所言秀吉之已統一日本全國，及下令造船，準備侵略大陸，及令琉球王國為前導，以遂其入侵之目的的消息則大致正確。

首先把秀吉即將入寇之消息哨報明朝當局者為上舉諸人、琉球及朝鮮。因《全浙兵制考》未詳舉朝鮮哨報之事，本文姑且不談，僅介紹許儀俊、琉球哨報之情形。

許氏之籍貫及其生平不詳，只知他擅長岐黃之術，當時在九州南端的薩摩懸壺濟世。當他獲秀吉即將入寇祖國之消息後，乃使江西臨川縣民朱均旺把它報告福建軍門。均旺原從海澄前往交阯買賣，於赴廣南採購物貨途次，為倭人所擄而被帶至日本，為儀俊所救。儀俊雖有意親自將此消息帶回本國，只因妻小而無法脫身，所以纔將此重大任務委託均旺。惟有關儀俊哨報之事，只見於佚存日本的侯繼高之《全浙兵制考》〈附錄近報倭警〉，及伴信友所輯《中外經緯傳》而不見於《神宗實錄》、《明史》或其他史乘。伴信友之生卒時代（一七七五～一八四六）遠較侯繼高為晚，故伴氏所輯者可能根據侯氏之書而為，當以侯氏之紀為先。

當福建軍門獲秀吉即將入寇之消息後，曾作迅速之處理，把它呈報北京。如據《神宗實錄》，卷二三八，萬曆十九年七月甲子朔癸未條所紀，則當時的大學士許國等曾題：

昨得浙江、福建撫臣共報，日本倭奴招誘琉球入犯，蓋緣頃年達虜猖獗于北，番戎蠢動于西，緬夷侵擾于南，未經大創，以致島寇生心，乘間竊發。中外小臣，爭務攻擊，始焉以卑凌尊，繼焉以外制内，大臣紛紛求去，誰敢爲國家任事者？伏乞大奮乾剛，申諭諸臣，各修職業，毋恣胸臆。

揆諸史實，秀吉發動對外侵略戰爭之動機，雖非如許國之所言，但神宗攬奏以後，曾諭六部及都察院云：

祖宗設官分職，使之上下相統，内外相維。體式俱存，紀綱攸係。是以官吏言責，各有司存，豈容紊亂？近年以來，人各有心，衆思爲政。或以卑凌尊，或以新間舊，或以僚屬而詈官長，或以外吏而排閣臣。以至國是紛紛，朝綱凌替；大臣解體，爭欲乞身。國無其人，誰與共理？内治不舉，外患漸生；四夷交侵，職此之故。今後但有干名犯分，抵冒誣衊，肆無忌憚者，憲典昭然，定不輕貸。仍行與南直隸、浙江、福建、滇、廣鎮守督撫等衙門預講調度兵食之計，申嚴備禦海汛之方。欽哉！故諭。㉞

而令有關職官預爲之謀，以備禦海汛。

至於琉球之哨報，《朝鮮征伐記》（續群書類從本）記載秀吉曾對琉球使節云：

天正十一年（萬曆十一年，一五八三）癸未，琉球國入貢。言：自今以後，每歲進貢而乞和。因此乃命其遣使大明，告明以如不通聘於日本，則將予征伐，而給琉球國使節以牒狀。

此表明日本有征服明朝之意。八年後的萬曆十九年八月，秀吉又對琉球國王尙寧言：

我將明春先伐朝鮮，爾宜率兵來會。若不用命，玉石俱焚。㉟

《明史》〈日本傳〉則紀秀吉之侵略準備與琉球之哨報情形云：

（秀吉）召問故時汪直遺黨，知唐人畏倭如虎，氣益驕。益大治兵甲，繕舟艦，與其下人謀：入北京者，用朝鮮人爲導；入浙、閩沿海郡縣者，用唐人爲導。慮琉球洩其情，使毋入貢。同安人陳甲者商於琉球，懼爲中國害，與琉球長史鄭迵謀，因進貢請封之使，具以其情來告。甲又旋故鄉，陳其事於（福建）巡撫趙參魯。

參魯得此消息後即上疏建議：

琉球貢使預報倭警，法當禦之於水，勿使登岸；姦徒勾引，法當防之於內，勿使乘間。歲解濟邊銀兩，乞爲存留。推補水寨將領，宜爲愼選。至於增戰艦，募水軍，齊式廓，添陸營，皆爲制勝之機，是爲先事之備。㊱

參魯的意見是不使侵略軍登陸，而要在海上將其擊退，並加强陸上之防備，亦即通政唐順之所謂之禦海洋與固海岸，㊲使之無法逞其肆虐之能事，且將損害減至最低限度。而兵科科臣王德完在前此一天所上奏疏中，亦曾提及秀吉即將發動侵略戰爭之消息，㊳但因文獻未留下紀錄，故無從得知得完之消息來源。不過就當時許儀俊與陳申先後哨報之情形推之，他必對此一消息已有所聞，方纔上疏以表示其對國事之關心的。《神宗實錄》雖未記載明朝當局獲得完奏疏後的反應，然對參魯的建議則曾予答覆，其意見亦爲神宗所採納。惟就如明朝在接獲朝鮮同一內容之哨報以後，並未立刻採取救援行動之情形所示，明廷之到底將參魯的建議實施到甚麼程度，實在是個疑問。但姑且不問明廷所採取的因應措施如何，侯繼高能將許儀俊、陳申等人的哨報內容悉錄於其《全浙兵制考》中，此不僅對我們瞭解當時居留日、琉兩國之華人對祖國的關懷情形，而且也可藉此得知，琉球當局對此一侵略戰爭所採取的立場。

七、日本風土記

元代以前，國人所撰有關日本研究的專著有如鳳毛麟角，明代以後，則可能因倭寇之不斷侵掠沿海郡縣而民多罹其殃，所以研究日本的風氣大開，且有多種著作問世。例如：鄭若曾的《籌海圖編》十三卷、《鄭開陽雜書》十一卷、《江南經略》八卷；鄭舜功的《日本一鑑》十二卷；王士騏的《皇明馭倭錄》八卷；卜大同的《備倭圖記》四卷；郭光復的《倭情考略》一卷；釆九德《倭變事略》不分卷；徐學聚的《嘉靖東南平倭通錄》不分卷；茅坤的《紀剿除徐海本末》不分卷；謝杰《虔臺倭纂》二卷；宋應昌的《經略復國要編》十四卷；王在晉的《海防纂要》八卷；范涞的《兩浙海防類考續編》十卷等，它們對於當時倭寇騷擾中國瀕海郡縣，破壞城邑，劫奪財物，殺傷人民，致沿海一帶備遭蹂躪，與夫日本貢使在華期間所引發的種種問題，明朝的備禦情形等均有所記敘而可以補充官方文獻如《明實錄》、《明史》所紀內容之不足，或可訂正此類官方文書之錯誤而對後世學者研究相關之問題有不少裨益。然上述那些著作卻因其內容、性質關係，故對當時之日本國情與夫風俗民情多未述及。即使偶爾提及，其能作較深入探討者也不多見。但侯繼高的《全浙兵制考》卻將上述諸書及其他相關著作，或各方志所紀有關日本當時之地理、風俗、民情、事略，及其地理位置、行政區域、沿革、屬國山川、土產、國王世傳、對華朝貢事略、貢物、貢紅開泊、倭船、倭好、寇術、武器、君臣禮節、設官分職、染牙、內俗、徵糧、法度、官出巡、男女風俗、婚姻、生育、喪事、祭祀、貿易、時分，待賓飲饌、出海通番、商船所聚、居室、公文、三教、九流、百工器械、娼優、隸卒、字書、以呂波（いろは）四十八字樣音注清濁變用、迴文詞、詩歌，以及象棋、圍棋、雙陸（sugoroku）等娛樂器具方面的文字予以錄列或加以補充，使讀者一目了然。並且其內容豐富而所涵蓋之層面亦甚廣闊，故能使有意探究當時國人研究日本之風土民情的，在披閱本書後即可獲得一概略之印象。

惟此一部分的文字，如日本郡島、國王建都、屬國、山川、國王世傳、朝貢各條之記述類多失實。其卷二〈朝貢〉條所紀元代以前來華朝貢之事，多輯自中國正史日本傳而未能審辨前人記載之信實與否而一一照錄。即就當代所發生之事而言，侯氏於提及嘉靖二年發生的寧波事件之後接著說：

（嘉靖）十年，復來貢。二十二年，西海道遣使長門僧人福師駕紅三號來貢。一號遭風壞于半塗，二號救載壞紅人從返之，止一舟獨行，沿松門衛送至定海。詔令四十人朝見，燕賞如舊。二十七年，復遣原使貢，卻之。彼欲將貢物易貨載回，督海衙門不容，叱歸。由此禁絕海商，以致海舩閣閣，商賈失務。……三十六年，遣使僧人清守、清乘稱貢。因其所貢無格，又以先二年將二僧留在四川寺內，從伴令歸，自此每每拒絕不通。

考之中、日兩國史乘，上舉文字恐有乖史實。即使有那些人士來華，亦係私貢而非其室町幕府之所遣，至於嘉靖十八年以湖心碩鼎、策彥周良爲正、副使，率貢船三隻，二十六年以策彥周良爲正使率貢船四隻來華之事，卻反而隻字未提。又，同卷〈貢 開泊〉條所謂：

來貢之舟每泊臺州定海，請驗勘合，令其收拾兵器貯庫，移置寧波佳（嘉）賓堂（館），給口住。候朝命詔至，留從伴一半守舩，一半入京朝見。

云云，不僅與史實不符，竟連日本貢船駛進中國近海的航路也弄錯了。故此一部分的文字非僅無參考價值，而且會讓人產生誤解，此乃披閱本書時必須審慎之處。

八、結語

以上係就佚存日本的侯氏之《全浙兵制考》一書之結構，及該書所紀兩浙地方的衝要之地、兵制、倭亂等內容作一簡單的介紹，同時對該書所附錄之〈近報倭警〉的內容也略加敘述。由此書，我們非僅可以瞭解有明一代兩浙地方的海防情形，也可以明瞭當時國人心目中的兩浙地方之衝要處與必需備禦處。至於咱報倭警的問題，因其內容爲其他文獻史料之所未嘗收錄者，故益顯得其珍貴。

得在此附帶一提的，就是此書頃由臺北國立中央圖書館漢學研究中心自東瀛影印架藏，對於日後研究明代之軍制、海防，以及此一時期之中日關係等問題的學者在研究相關問題時，如能參考本書，定有莫大助益。故樂爲之介紹，以饗讀者。

【註釋】

①：有關明代中、日貢舶貿易的論著甚多，其主要者有鄭樑生的《明代中日關係研究》（民國七十四年，臺北，文史哲出版社。日文版：《明・日關係史の研究》（同年，東京，雄山閣），及小葉田淳的《中世日支通交貿易史の研究》（昭和十六年，東京，刀江書院）等。

②：鄭若曾，《籌海圖編》十三卷，明嘉靖四十一年刊本。

③：范淶，《兩浙海防類考續編》十卷，明萬曆三十年浙江官刊本。

④：王在晉，《海防纂要》十三卷，明萬曆四十一年原刊本。

⑤：茅元儀《武備志》二百四十卷，明天啓元年刊本。

⑥：侯繼高，《全浙兵制考》，卷一，〈全浙海圖總說〉。請參看胡宗憲，《胡少保海防論》（明天啓間刊本。皇明經世文編》，卷二六七），卷三〈浙直福兵船會哨論〉。

⑦：侯繼高，《全浙兵制考》，卷一〈全浙海圖總說〉。

⑧：同前。

⑨：侯繼高，前舉書卷一，〈寧紹區圖說〉。

⑩：《世宗實錄》，卷三八七，嘉靖三十年六月丁丑朔己卯條。

⑪：《世宗實錄》，卷四〇〇，嘉靖三十二年七月乙巳朔戊申條。《明史》〈世宗本紀〉二；〈日本傳〉。

⑫：《世宗實錄》，卷四三六，嘉靖三十五年六月戊子朔丁酉條。

⑬：《世宗實錄》，卷四六〇，嘉靖三十七年四月戊寅朔辛巳條。

⑭：《世宗實錄》，卷四七〇，嘉靖三十八年三月癸酉朔癸巳條。《明史》〈世宗本紀〉，二。

⑮：《世宗實錄》，卷五〇一，嘉靖四十年九月戊子朔甲辰條。《穆宗實錄》，卷一九，隆慶二年四月庚辰朔戊申條。

⑯：侯繼高，前舉書卷二，〈溫處區圖說〉。

⑰：鄭樑生，《明代倭寇史料》，由臺北文史哲出版社發行。目前已刊行至第三輯。每輯均四百餘頁，共約十五輯。

⑱：請參看明、清兩朝人士所纂輯之東南沿海各府州縣的方志之相關記載。

⑲：侯繼高，前舉書卷三，〈造修福船略說〉。

⑳：同前。

㉑：王在晉，《海防纂要》卷一，〈浙江事宜〉。

㉒：請參看《太祖實錄》，及鄭樑生《明史日本傳正補》（民國七十年，臺北，文史哲出版社），頁一〇一～一二八；《明代中日關係研究》，頁三一四～三二四，或《明・日關係史の研究》，頁二六七～二七六。

㉓：《明史・日本傳》。

㉔：《世宗實錄》，卷三二四，嘉靖二十六年六月庚辰朔癸卯條云：「巡按御史楊九澤言：浙江寧、紹、臺、溫，皆枕山瀕海，連延福建福、興、泉、漳諸郡，時有倭患。沿海雖設衛、所城池，控制要害，及巡海副使、備倭都司督兵捍禦，但

海寇出沒無常，兩省官僚不相統攝，制禦之法終難畫一。往歲從言官請，特命重臣巡視，數年安堵。近因廢格，寇復滋蔓，抑且浙之處州，與福之建寧，連歲礦寇流毒，每徵兵追捕，二府護(互)委事，與海寇略同。臣謂巡視重臣，丞(亟)宜復設，然須轄福建、浙江，兼制廣東潮州，專駐漳州，南可防禦廣東，北可控制浙江，庶威令易行，事權歸一。事下兵部，集諸司覆如其言。第廣東潮、惠二府仍隸兩廣提督，有事則協心議處。上曰：浙江天下首省，又當倭夷入貢之路，如議設巡撫，兼轄福建福、興、建寧、漳、泉等處提督軍務，著為例。」

㉕：《明史》〈日本傳〉云：「二十六年六月，巡按御史楊九澤言：浙江寧、紹、臺、溫皆濱海，界連福建福、興、漳、泉諸郡，有倭患。雖設衛、所城池，及巡海副使、備倭都指揮，但海寇出沒無常，兩地官弁不能統攝，制禦為難。請如往例，特遣巡視重臣，盡統海濱諸郡，庶事權歸一，威令易行。廷議稱善，乃命副都御史朱紈巡撫浙江，兼制福、興、漳、泉、建寧五府軍事。」

㉖：朱紈，《甓餘雜集》，卷二，嘉靖二十六年十二月二十六日〈閱視海防事疏〉。此疏並見於《皇明經世文編》，卷二〇五，《朱中丞甓餘集》，卷一。

㉗：《世宗實錄》，卷三三八，嘉靖二十七年七月甲戌朔條記載改朱紈為巡視之事云：「初，浙江既設巡撫都御史，兼管福建海道提督軍務，以朱紈為之。乃御史周亮，給事中葉鏜，先後俱言不便。亮謂：紈原係浙江巡撫，所兼轄者止於福建海防。今每事遙制諸司，往來奔命，大為民擾。鏜謂：紈以一人兼轄二省，非獨閩中供應不便，即如近日倭夷入貢(指策彥周良一行)，艤舟浙江海口，而紈方在福建督捕惠安等縣流賊，彼此交急，簡書狎至。紈一身奔命，已不能及矣。今閩浙既設有海道專官，苟得其人，自不必用都御史。若不得已，不如兩省各設一員。吏部覆言：浙江舊無巡撫，或遇

有警，遣重臣巡視，事寧即止。今宜裁革巡撫，而復巡視舊制。上曰：浙江巡撫，去歲無故添設，諸臣一時依違議覆，以致政體紛更。今依擬，朱紈仍改巡視，事寧回京。凡一切政務，巡按御史如舊規行。」《明史》〈朱紈傳〉則云：「吏部用御史閩人周亮及葉鏜言，奏改紈爲巡視，以殺其權。」

㉘：徐學聚，《嘉靖東南平倭通錄》，嘉靖三十一年四月條。

㉙：請參看後藤肅堂，〈最も深く內地に侵入したる倭寇の一例〉（《歷史地理》，二十五卷一號）。

㉚：請參看朱紈，《甓餘雜集》，卷二，〈閱視海防事疏〉，及茅坤，《茅鹿門文集》，卷一，〈與趙玉泉大巡書〉；錢微《承啓堂集》，卷一，〈論軍政廢弛疏〉。

㉛：請參看李光濤，〈記明季的賄賂公行〉（《大陸雜誌》，三十卷十一期）。

㉜：請參看朱紈，《甓餘雜集》，卷二，〈閱視海防事疏〉，及錢微，《承啓堂集》卷一，〈論軍政廢弛疏〉。

㉝：請參看諸葛元聲，《兩朝平攘錄》卷四，〈日本〉上。

㉞：《神宗實錄》，卷二三八，萬曆十九年七月甲子朔癸未條。

㉟：伴信友，《中外經緯傳》（續群書類從本），卷四所錄豐臣秀吉〈致琉球國中山王尙寧書〉。

㊱：《神宗實錄》，卷二三九，萬曆十九年八月癸巳朔甲午條。

㊲：請參看鄭若曾《籌海圖編》，卷一二，〈經略〉二，〈禦海洋〉、〈固海岸〉條。

㊳：《神宗實錄》，卷二三九，萬曆十九年八月癸巳朔條。

日本漢學者——神田喜一郎的著述生活

神田喜一郎博士，是日本當代最傑出的「中國學」學者之一。一八九七年他誕生於京都市上京區一九一四年從京都府立第一中學校畢業，又過三年，一九一七年畢業於第三高等學校，隨即進入京都帝國大學文學部史學科主修中國史學。一九二〇年畢業後，升入該校大學院繼續研究，並在大谷大學擔任教職。

一九二六年三月，他辭去大谷大學教職，應日本宮內省圖書寮之聘，編纂《漢籍目錄解題》；歷時三年，方才完成。一九二九年來臺灣，任教於臺北帝國大學文政學部，並在臺灣總督府兼職。後來曾以駐外研究員名義，前往英法兩國研究敦煌資料。三年後東歸，仍回臺北帝國大學擔任東洋文學講座（即中國文學教授）。並曾先後兼任京都帝國大學文學部的特約講師，與東方文化研究所的特約研究員。直至一九四五年中日戰爭結束，才束裝回日本。他在臺北帝國大學任教期間，編過的講義有《清朝文學研究》等。

神田在臺灣期間，始終致力於各種文獻資料之蒐集，所以對中國古籍及臺灣文獻之保存，其功甚偉。其中要特別一提的，就是購買「烏石山房文庫」一事。（《國語日報》〈書和人〉第二九六期有梁容若教授〈記烏石山房藏書〉一文，可參看。）在洽購該文庫之前，他原擬購買「觀古堂藏書」。觀古堂主葉德輝是湖南湘潭人，清光緒進士，官至吏部文選司主事；生平治學甚勤，尤精於小學及目錄之學，著有《六書古微》、《書林清話》、《觀古堂所著書》、《觀古堂詩集》、《郎園讀書志》、《觀古堂書目叢刻》、《麗樓叢書》、《雙梅景闇叢書》等；所以藏書近三十萬卷，並多海內善本。民國十七年，葉德輝在長沙遭變被殺後，神田即多方設法洽購其藏書，但終未能如願。後來，他才改向福州的烏石山房主龔易圖的後人永叔、永彬、綸等洽購「烏石山房藏書」。據說該藏書是易圖在山東做官時所收購。爲購該藏書，神田曾偕同其史學科助教——現任東京慶應義塾大學教授前島信次博士，專程前往福州龔家調查半月，喜其經史子集具備，乃決定購買。該書共二千一百一十四種，三萬四千八百零三冊。他當時以三萬三千六百餘日圓的代價，爲臺北帝國大學購得。當他購妥裝運來臺時，未得福建省當局之許可，遂利用夜間以船偷運，這是一九一九年的事。該藏書目前仍由國立臺灣大學圖書館收藏。集部之中有不少明人文集，而易圖本人的著作《澹靜齋文集》也包括在內。叢書中的大部頭的書，有《古今圖書集成》、《道藏輯要》，更有趣的是還包括一些美、英、德、日等國的有關自然科學方面的譯著木刻本。它雖不及《觀古堂藏書》之珍貴與豐富，但是已夠難得。如今經過一大厄運之後，幾乎全爲善本了。

戰後，神田歷任大谷大學、大阪商科大學、大阪市立大學、京都大學等校的教授，及大阪市立大學法文學部部長、文化財保護委員會專門審議會專門委員、京都國立博物館館長等職，成爲日本學術界的重鎮，對日本文化，貢獻所學，可謂不遺餘力。一九五九年，當他六十二歲時，法國學士院特頒給他「史達尼斯拉斯・茱麗安獎」，以獎勵他在漢學方面的卓越成就。日本學士院也在一九七二年十一月十三日，選他爲會員。日本的學士院會員相當於我國的中央研究院院士，每年由日本政府致贈爲數不少的俸銀，酬謝他們對學術方面的貢獻。所以能當選爲學士院會員，實爲日本學者的無上榮譽。神田博聞強記，涉獵遍及中國的文學史學與美術，造詣很深；尤其邃於書志版本之學，有精闢獨到的見解。據他的高足國立臺灣大學教授吳從宜先生說：「鬯蕃師學問上的成就，大都得力於他所擅長的書志版本的知識。」他曾受教於狩野直喜和內藤虎次郎，且是內藤的入室弟子。狩野和內藤都推崇顧炎武，所以神田的學問實淵源於十八世紀中國乾嘉樸學者如戴震、王念孫、段玉裁、錢大昕等。他在日本學術界的地位，可比王國維之在中國。他能說流利的中國話，平日寫作或與朋友通信也喜歡用毛筆，頗有中國學者之風。

他的藏書非常豐富，基礎始於他的祖父。據其祖父神田香巖在明治三十九年（一九〇六）十月十五日所寫的日記說：

東京島田翰，拉清國刑部郎中董康來，乞觀余所藏古書。

同年十一月二十二日又說：

島田翰又拉清國湖北提學士黃紹箕來，乞觀余所藏古書，便許焉！

當董康往訪神田香巖時，香巖曾將所秘藏的唐鈔本《尚書》、《史記》、《世說》給董康過目，並即席賦七絕一首相贈云：

意外高軒過小齋，奚童急遽啓荆柴；零殘蠹簡誰相顧，幸遇大賓清賞偕。

董康立刻和之云：

履綦今喜接高齋，秋老丹楓門掩柴；半卷蟫餘雠異字，（董康以唐寫本《世說新書》手校異同二紙相贈），風流合與晉人偕。

董康與香巖過從甚密，因此，若依我國習慣而言，董康該是神田喜一郎的祖父執了。後來，神田與董康的接觸頗爲頻繁，此事在董著《書舶庸譚》中記述甚詳。一九三〇年夏天，神田遊歷上海，曾與董康及商務印書館的張菊生聯袂往訪胡適寓所。當時儲皖峰曾在該寓所將自己校訂的《儲光義集》送給他。由董康分別贈與神田祖孫二人的秘籍有：《吳梅村家藏稿》、《周禮疏》、《盛明雜劇》、《讀曲叢刊》、《誦芬室刻書》……等多種。對神田而言，無異錦上添花。一九五七年，他年屆花甲，其僚友門生分別撰文爲其祝壽，輯成《書誌學論集》出版；吉川幸次郎曾爲該集作〈序〉。

神田平日專心於學術研究，且勤於寫作，所以著述非常豐富。他的著述，可分爲：⑴單行本專著，⑵編纂書，⑶校訂書，⑷分別發表在各學術性刊物的專題論文。首先介紹他的單行本專著。這些書籍莫不與中國學有關。茲就其中數種，簡單介紹如下：

1.《典籍劄記》　昭和二十二年（一九四七）四月，京都高桐書院發行。內容有：〈宋槧的《周易集解》〉、〈荷蘭賴甸大學的漢學講座與所藏之漢籍〉、〈歐洲第一的漢籍收藏家洛托兒〉、〈法京國民圖書館的敦煌寫經〉、〈遠東博物院觀書記〉等文。原物、文章，皆具學術價值。

2.《日本書紀古訓考證》昭和二十四年（一九四九）一月，奈良養德社發行。這是以中國訓詁學方式，將日本最古的敕撰歷史書之古訓加以考證。在考證時，曾廣泛引用我國書籍，如：《左氏春秋》、《國語》、《孟子》、《呂氏春秋》、《說文》、《穆天子傳》、《魏書》、唐玄應的《一切經音義》等。本書係神田的博士論文，他在本書所費功夫甚大，隨處可見其精闢獨到的見解。留日研究國學的人應該企及於此。

3.《中國書法之二大潮流》昭和三十五年（一九六〇）三月，京都哈佛燕京同志社東方文化講座委員會印行，爲講座第十三輯，非賣品。此書分別討論阮元的南北書派論、中國書法之成立、南北朝書法之發展，及王羲之與顏眞卿，皆有鞭辟入裏的議論。

4.《鬯菴藏書絕句》昭和三十五年（一九六〇）五月，京都自家版（便利堂）。這是對其藏書而發，如「至珍馮本同球璧，除卻唐鈔孰等科」之句就是吟詠《文心雕龍》的弘治甲子（一五〇四）馮允中吳中刊本的。讀本書，既可欣賞神田的詩，又可以瞭解他珍藏的善本，眞是一舉兩得。全書蝴蝶裝二十四葉。書評有陳祚龍（TP. XLVIII-4-5）。

5.《敦煌學五十年》昭和三十五年五月東京二玄社發行，昭和四十五（一九七〇）七月東京筑摩書房增訂本。是敘述英國斯坦因（A. STEIN）、法國伯希和（P. PELLIOT）這二位教授如何參與該國的中央亞細亞探險隊，又如何到敦煌收買當時千佛洞（莫高窟）住持王道士，而將所藏一萬冊左右的我國五代以前秘籍分別運回英法兩國；以及我國經于右任先生建議，於民國三十五年成立「敦煌藝術研究所」的經緯。並且對世界各國漢學家重視敦煌學研究的情形，與張大千等人臨摹敦煌壁畫的經過及其影響等，都有詳細的記載。至於京都大學之所以成立「支那學派」的原委；楊守敬任職東京清國公使館期間，搜購佚存日本的中國古書之事；日本富翁岩崎彌之助（日本郵船公司創辦人，其胞兄彌太郎為三菱系統創始人）接受大儒重野成齋建議，於明治三十九年（一九〇六）以十一萬八千日圓向歸安陸心源之子購買「皕宋樓藏書」二十餘萬冊；倫敦大英博物館、法國國民圖書館、北平國立圖書館收藏敦煌古書的情形；各國學者在這方面的研究成果及其影響等；均作有系統有條理的敘述。

6.《在日本的中國學》二冊，分別在昭和四十年一月和四十二年五月由東京二玄社發行，是有關日本人塡詞的詞話專論。日本人作詞，濫觴於嵯峨天皇（八〇九～八二三年在位）的〈漁歌子〉。本書既將嵯峨時代以來的日本人塡詞情形作歷史的研究，也就討論了五山詩僧、江戶時代（一六〇三～一八六七）詩人以至明治時代（一八六八～一九一二）詞人的作品。江戶詩人塡詞者較多，神田據其多年收藏的豐富資料，以他自己確立的方法從事研究。由於他的研究，日本在這方面的一塊荒蕪田地才被開墾。本書係擴充《本邦塡詞史話》而成，對日本漢學界來說，也是一種劃時代的著作。

7.《東洋文獻叢說》　昭和四十四年三月東京二玄社發行，本書除討論《皇明文海》、《尙書證義》、《澹成居文鈔》、《三餘偶筆》、《傳經表補正》等書，與介紹在日本篆刻史上有最高成就的高芙蓉編纂的《芙蓉山房私印譜》外，並錄有耶律楚材（一一九〇～一二四三）的《西遊錄》足本〈跋〉，與《元大德九路本十七史考》。耶律楚材《西遊錄》足本，係一九二七年神田供職宮內省圖書寮時所發見，而後將其出版，並作〈跋〉以附之。《西遊錄》足本，頗受中外學者之注意，一九六二年，澳洲坎培大學教授Jgor de Rochewilty 先生曾把它譯成英文，發表於《華裔學志》（Monumenta Serica）vol. XXI 上。同年，國立臺灣大學姚從吾教授也曾把《西遊錄》足本加以校註，發表於《大陸雜誌》慶祝朱家驊先生七十歲論文集；他曾說：「此錄亦由是復爲治中國西北史地學者所注意，這實在是一件可以慶幸的大發見。」章湘元曾將〈元大德九路本十七史考〉譯成中文，刊於《中和月刊》第二卷第四期。

8.《支那學說林》　昭和九年（一九三四）十二月佞古書屋自印本。非賣品。（按：「佞古書屋」爲神田書齋名。）

9.《東洋學說林》　昭和二十三年十二月東京弘文堂發行。

10.《書道名品圖錄》　昭和二十九年六月京都便利堂發行。與西山寧、中田勇次郎共著。

神田喜一郎教授所編輯的書刊也很多。茲分別介紹如下：

1.《佚存書目》　昭和八年（一九三三）三月，服部宇之吉主編。是受日本外務省補助，蒐集在中國已亡佚而尙存於日本的書籍，予以整理。本書雖由已故東京大學教授服部宇之吉具名並發行，但誠如服部在序文中所說，實際執筆兼校閱者實是神田與已故東京法政大學教授兼《書誌學》雜誌創辦人長澤規矩也博士二人。他們二人費了三年時間方才完成。

2.《敦煌祕籍留眞》　二冊，昭和十三年一月倭古書屋影印本。《敦煌祕籍留眞新編》　二冊，民國三十六年九月國立臺灣大學影印本。此二書係神田自一九三五年至三六年間，在巴黎調查敦煌古籍資料，攝入膠捲帶回來的。前者與後者的內容有所不同。前者爲樣本性質，每一種書僅舉出一至四幀的照片，而以自費委託「小林寫眞製版所」印製成書；後者原由前台北帝國大學斥資，仍由該製版所印製他拍攝的全部照片（散頁），然後裝運來臺灣，於第二次世界大戰結束後，才由國立臺灣大學接收加以整理裝訂出書的。書中圖文並茂，於研究敦煌文物方面，提供了不少寶貴資料。後者的書評有：(1)杉本直治郎（見《史學研究》九）；(2)周一良（見《清華學報》十五卷二期）。

3.《書之古典》、《書之歷史》、《書之鑑賞》　此三書，都是昭和二十八年（一九五三）由京都書道出版社印行。除《書之古典》是與森田子龍合編外，其餘二書都是審訂性質，原著爲須羽源一這是討論有關中國書法的書。

4.《中央亞細亞研究文獻目錄》　昭和三十年京都西域文化研究會印行。是蒐羅研究中央亞細亞問題的論著目錄，共有三集，神田所編爲第一集《和文編》。此書對研究西域文化者，大有裨益。

5.《大谷大學所藏禿庵文庫中國古印圖錄》　昭和三十九年八月京都大谷大學印行，係與野上俊靜，竹田淳照合編。就大谷大學所藏（原爲大谷瑩城所藏）中國古印七百五十六顆，以各印章的側面正面與印跡的照片而組成的圖版爲中心，說明印紐的形狀，印章的大小，使用的材料等，並於書末刊載神田的〈中國古印之鑑賞〉講稿一文。這些古印，是一般人不易見到的。因本書既有印跡，又附有印章的側面、正面的照片及尺寸，所以不稱「印譜」而稱「圖錄」。書評有松丸道雄在《史學雜誌》第七十四編第三號的評文。

6.《宋拓墨寶二種》 昭和四十二年（一九六七）七月京都大谷大學印出，與野上俊靜合編，有平岡武夫的書評，見《大谷學報》四十七卷二號。《東洋美術》 昭和四十三年八月朝日新聞社出版，與田中一松、米澤嘉圃、鈴木敬合編。《書蹟名品叢刊》 昭和四十四年東京二玄社印行，與西山寧合編。《石濤黃山八勝畫冊》二冊，昭和四十五年四月東京筑摩書房印行，與川端康成、田中一松合編。以上都是有關中國藝術之佳構。其中《東洋美術》共六冊，分繪畫、書法兩大部分，都是介紹現存於日本的中國藝術品。神田除負責編第二冊書法部分外，對我國書法作品流傳日本的情形，也作了扼要的說明。本書因印刷精美，圖文並茂，所以既可供欣賞，也可作爲研究之用。《書蹟名品叢刊》爲叢書性質，每則在五十五至七十頁之間，分別介紹中國書法之上品。神田主編的是：一二九之〈吳谷朗碑〉、〈禪國山碑〉；一三二之〈隋孟顯達碑〉、〈龍華寺碑〉；一三四之〈唐柳公權玄秘塔碑〉；一四〇之〈清金冬心《金剛般若經》〉。由這些刊物，便不難窺見神田對中國藝術的造詣之深了。

7.《容安軒舊書》 四種，大正四年（一九一五）十一月侫古屋自印本，非賣品。

8.《大乘理趣六婆羅蜜經釋文》 昭和四十七年（一九五三）三月侫古書屋自印本，非賣品，列爲《優鉢羅叢書》之一。據神田的影印序文，這書是他於昭和二十八年三月三日到東京一誠堂書店時偶然發見的。當時他認爲這書不會是平安時代（七九四～一一八五）以後之作，書法拙劣，不覺得太珍貴，然因究竟是古佚本，遂不惜重金立刻購回京都。他又說：「此經文是唐貞元四年（七八八）十一月，出身北天竺迦畢試圖國的般若三藏奉德宗之命，在長安的西明寺呈獻的。它之所以題名爲《大乘理趣六婆羅蜜經釋文》，係仿唐陸德明所著《經典釋文》之例。其體例則與慧苑的《華嚴經音義》相近，而將難解之文字列出，並詳注其音義。然撰者究係何人，卻不得而知。卷中往往有用倭言注釋之處，所以僅知他是出自日本人之手而已。又因卷首有日本眞言宗之名刹石山寺經藏之印記，故可推論爲出自僧徒之撰述。現存的《大乘理趣六婆羅蜜經》的音義，除此而外，尚有唐釋慧琳的《一切經音義》卷四十一，遼希麟的《續一切經音義》卷一所收錄之二種。若將三者比較，雖有詳略之異，但若論精細，則當首推這本釋文。尤其這本釋文中引用了許多在中國已佚的古書，是爲最大特色。」據神田推測，這書引用梁顧野王《玉篇》眞本在四百條以上。神田又說：「此書舉與日僧釋中算的《法華經釋文》、僧信瑞的《三部經音義集》，鼎足而三，絕無過分之處。更難能可貴的是未聞有他本之存者，且又首尾完整。」至於本卷的引用書，神田曾託其友人上田正從事統計，結果得：《玉篇》四百條，《字苑》一百二十三條，《切韻》一百十六條，《書史》五十九條，《唐韻》四十四條，《韻詮》十七條，《類音》八條，《華嚴經音義》一條。上田正除查其釋文之所自出外，又就其心得作了詳細的解說。神田乃於影印本書時，將它附於卷末，俾便研究者作爲參考。

神田校訂過的書，除了上述耶律楚材的《西遊錄》，還有狩谷望的《日本見在書證注稿》，都是有關目錄版本方面的。前者於一九二九年（昭和四年）由神田的俀古書屋出版，後者則於次年由日本古典全集刊行會發行。

最後談到神田的專題論文，其數目約有兩百篇之多，論及的範圍，也非常廣泛，可分爲：經學、史學、學術史、文化史、文學、宗教、藝術、傳記、文字學、金石、目錄版本等，而以藝術方面的較多。

茲依其發表先後，介紹於下：

〈舊書聞見錄〉（上）（中）（下） 大正四年三、五、九月 《考古學雜誌》五卷七、九號，六卷一號

〈中國最近之詩風〉 大正四年九月 《東洋哲學》二十二卷九號

〈東洋史界之近況〉 大正九年一月 《歷史與地理》五卷一號

〈汲冢書出土之始末〉 大正九年十、十一月 《支那學》一卷二、三號

〈四部叢刊底本之選擇〉 大正九年十二月 《支那學》一卷四號

〈作爲詩人之胡承諾〉 大正十年一月 《支那學》一卷五號

〈再論四部叢刊〉 大正十年三月 《支那學》一卷七號

〈金文例數則〉 大正十年四月 《支那學》一卷八號

〈金文中常見的習慣用語〉　大正十年五月　《支那學》一卷九號

〈讀書雜記〉　大正十年六月　《支那學》一卷十號

〈顧千里先生年譜〉、同〈補遺〉　大正十年七、十一月　《支那學》一卷十一號、二卷三號。

孫世偉曾將它譯成中文、刊於《國學月刊》一卷

〈中國古文書之研究〉㈠㈡㈢　大正十年八、九月，大正十一年四月　《歷史與地理》八卷二、三號，九卷四號（收入《東洋學說林》）

〈元史研究之一資料〉　大正十年九月　《支那學》二卷一號

〈唐賀知章書《孝經》〉　大正十年十月　《支那學》二卷二號

〈由《山海經》所看支那古代之山嶽崇拜〉　大正十一年一月　《支那學》二卷五號

〈關於《清詩總集》〉、同訂正　大正十一年二、四、六月　《支那學》二卷六、八、十號

〈化度寺塔銘〉　大正十一年五月　《支那學》二卷九號

〈曾樸之補《後漢書》「藝文志考」〉　大正十一年六月　《泊園書院學會會報》二號

〈舊鈔本《慈鎭和尚傳》〉　大正十一年七月　《史林》七卷三號

〈再論化度寺塔銘〉　大正十一年七月　《支那學》二卷十一號

〈有關三階教的隋唐之古碑、同補遺〉　大正十一年八、十一月，大正十二年七月　《佛教研究》三卷三、四號，四卷二號

〈漢婁壽碑考〉　大正十一年八月　《支那學》二卷十二號

〈中國學界之近況〉大正十一年八月　《支那學》二卷十二號（又收入《書苑》四卷五號）

〈影舊鈔卷子本《周禮》鄭注殘卷跋〉　大正十一年十月　《支那學》三卷一號（又收入《內藤博士頌壽紀念史學論叢》）

〈關於明清兩朝之文書之發見〉　大正十二年二月　《支那學》三卷五號

〈中國訪書談〉㈠㈡㈢　大正十三年三、四、七月　《歷史與地理》十三卷三、四號，十四卷一號

〈某中國學者之景教考〉（上）（下）　大正十三年五、八月　《歷史與地理》十三卷五號、十四卷二號（收入《東洋學文獻叢說》）

〈影古鈔本《南海寄歸內法傳》殘卷跋〉　大正十三年六月　熊谷氏影印本

〈舊鈔本《南海寄歸內法傳》跋〉　大正十四年二月　《支那學》三卷十號

〈讀那波文學士之《燕吳載筆》〉　大正十四年五月　《歷史與地理》十五卷五號

〈支那之繡佛〉　大正十四年六月　《佛教美術》第三冊（收入《東洋學說林》）

〈在支那的印刷術之起源〉　大正十四年十月　《歷史與地理》十六卷四號（收入《東洋學說林》）

〈宋代金石書目〉　大正十四年十二月　《支那學》三卷十二號

〈祕閣圖書之源流〉㈠㈡　大正十五年十、十二月　《歷史與地理》十八卷四、六號

〈絕徼同文紀解題〉（上）（下）　昭和二年一、四月《歷史與地理》十九卷一、四號

〈觀堂先生著作目錄〉　昭和二年八、九月《藝文》十八年八、九號

〈陳誠之《使西域記》〉　昭和二年九月《東洋學報》十六卷三號（收入《東洋學說林》）

〈王靜安先生〉　昭和二年十月《支那學》四卷三號

〈明之四夷館〉　昭和二年十月《史林》十二卷四號（收入《東洋學說林》）

〈天學初函〉　昭和二年十一月《書物之趣味》一冊

〈高宗肜日之異文〉　昭和三年二月《狩野教授還曆記念支那學論叢》

〈有關《永樂大典》之二三資料〉　昭和三年二月《歷史與地理》二十一卷二號（收入《東洋學文獻叢說》）

〈祆教雜考〉　昭和三年四月《史學雜誌》三十九編四號（收入《東洋學說林》）

〈本邦人之詩餘〉(一)(二)　昭和三年六、七月《藝文》十九年六、七號

〈藤原楚水譯《支那金石書談》序〉　昭和四年十二月

〈評鄭蘇戡先生之《宕陰存稿》〉　昭和五年三、四、五、六月《藝文》二十一年三、四、五、六號

〈遊仙窟〉　昭和五年四月《言語與文學》二號

〈影舊鈔卷子本《周禮》鄭注殘卷跋〉　昭和五年六月《內藤博士頌壽紀念史學論叢》

〈阿波訪書記〉(上)　昭和五年十二月　《書物之趣味》六冊

〈《遊仙窟》之傍訓〉　昭和七年四月　《支那學》六卷二號

〈佞古書屋箚記〉(一)~(八)　昭和七年十二月，昭和八年二、六、七、八、十月，昭和九年一、四月　《斯文》十四編十二號，十五編二、六、七、八、十號，十六編一、四號(收入《東洋學文獻叢說》中者爲本文之一部分)

〈祆教瑣記〉　昭和八年一月　《史林》十八卷一號(收入《東洋學說林》)

〈有關《遊仙窟》的我見之一二〉　昭和八年一月　《歷史與地理》三十一卷一號

〈對割裂古書之抗議〉　昭和八年二月　《書物之趣味》二卷二號

〈緇流之二大小學家——智騫與玄應〉　昭和八年五月　《支那學》七卷一號(收入《東洋學說林》)

〈有關古文《尙書》之二三問題〉　昭和八年五月　《小川教授還曆記念史學地理學論叢》

〈輓天隨先生〉　昭和九年一月　《漢學會雜誌》三卷二號

〈關於將乍字訓作「卩卩」〉　昭和九年一月　《心之花》三十八卷一號

〈「乍」字之一用法〉　昭和九年二月　《支那學》七卷二號

〈讀岡井博士《玉篇之研究》〉　昭和九年五月　《斯文》十六編五號(收入《東洋學文獻叢說》)

〈懷念內藤先生〉　昭和九年七月　《支那學》七卷三號

〈有關《日本書紀》之古訓的二三研究〉　昭和九年九月　《國語與國文學》第十一卷九號

〈日本書紀古訓考證〉　昭和九年十一月　《歷史與地理》三十四卷四、五合併號

〈佞古書屋漫筆〉　昭和九年十二月　《愛書》第三輯

〈舊鈔《漢書》〈揚雄傳〉殘卷跋〉　昭和十年五月　《京都大學文學部景舊鈔本》第二集

〈芙蓉山房私印譜〉　昭和十二年二月　《書苑》一卷二號（收入《東洋學文獻叢說》）

〈歐洲訪問記〉（〈宋槧之《周易集解》〉、〈荷蘭賴甸大學所藏之漢籍〉、〈歐洲第一之漢籍蒐藏家洛托兒〉）　昭和十二年二、四、六月　《書誌學》八卷二、四、六號（收入《東洋學文獻叢說》）

〈日本國丞相藤原公捨經記〉　昭和十二年五月　《書苑》一卷五號

〈懷念王靜安先生〉　昭和十二年五月　《中國文學月報》二十六號

〈在法蘭西國民圖書館的敦煌寫經〉　昭和十三年三月　《書苑》二卷三號

〈存在牛津的臺灣之古文獻〉　昭和十三年四月　《愛書》十輯

〈妙覺寺常住日典〉、同〈補正〉　昭和十三年四、七月　《書誌學》十卷四號，十一卷一號

〈宇治橋碑銘考釋〉　昭和十三年五月　《書苑》二卷五號

〈南支人之文學〉　昭和十四年二月　大阪每日新聞社發行《南支那》

〈家藏之《明版戲曲小說目錄》〉、同〈補遺〉　昭和十四年五月〈書誌學〉十卷五號，十三卷一號

〈《神護景雲經》跋考語釋〉　昭和十四年六月《書苑》三卷六號

〈《畫禪室隨筆》之譯注本〉　昭和十四年六月　《臺大文學》四卷二號

〈鍾字訓義考㈠《日本書紀古訓考證》之一〉　昭和十四年九月　《臺大文學》四卷四號

〈敦煌二十詠〉　昭和十四年十月《史林》二十四卷四號（收入《東洋學說林》）

〈日本書紀古訓考證〉　昭和十五年二月　《安藤教授還曆祝賀記念論文集》

〈江晉三先生年譜〉　昭和十五年三月《支那學》十卷一號（收入《東洋學說林》）

〈素畫〉　昭和十五年四月　《東洋史研究》五卷三號

〈中國繡佛雜記〉　昭和十五年五月　《支那佛教史學》四卷一號

〈漢婁壽碑考〉　昭和十五年五月《書苑》四卷五號

〈元大德九路本十七史考〉　昭和十五年七月　《史林》二十五卷三號（1.收入《東洋學文獻叢說》。2.章湘元將它譯成中文，刊於《中和月刊》二卷四期。）

〈本邦塡詞史話〉㈠～㈦　昭和十五年五、七、十一月，昭和十六年三、七、十一月，昭和十七年六、九月，昭和十八年三、四、十一月　《臺大文學》五卷二、三、五號，六卷一、三、五號，七卷二、三、五、六號，八卷三號（1.李圭海曾將本文之第㈨譯成中文，刊於《同聲

月刊》三卷二號。2.已擴充爲《日本的中國文學》一、二兩冊。)

〈元昭宗之年號「宣光」〉　昭和十六年四月　《紀元二千六百年記念史學論文集》(收入《東洋學說林》)

〈南菜園之詩人籾山衣洲〉　昭和十五年九月至昭和十六年四月　《臺大文學》五卷四號至六卷二號(與島由謹二合著)

〈出現在中國史學的倫理思想〉　昭和十六年十月　《岩波講座倫理學》第十冊

〈遠東博物院觀書記〉(上)　昭和十六年十二月　《書誌學》十七卷五、六合併號(收入《典籍箚記》)

〈《日本書紀古訓考證》——由中國訓詁學上所看的〉　昭和十七年四月　《支那學》十卷特別號

〈南頻片影〉　昭和十七年四月　《畫說》六十七號

〈安南藍山之古碑〉　昭和十七年十月　《書苑》六卷七號

〈傳法寶記之完帙〉　昭和十七年八月　《積翠先生華甲壽記念論纂》

〈中國俚諺之研究〉　昭和十七年八、九月　《民俗臺灣》二卷八、九號

〈畫禪室隨筆講義〉(一)(二)(三)(四)　昭和十八年二、五、六、八月　《書苑》七卷二、五、六、八號

〈日本的中國文化研究之現狀〉　民國三十三年三月二十六日　《香港華僑日報》〈文藝週刊〉

第九期（中文）

〈南中國的文學〉 民國三十三年四月二十三日 《香港華僑日報》〈文藝週刊〉第十三期（中文）

〈狩野博士與中國學〉 昭和十九年六月 《民俗臺灣》四卷六號

〈洛斯（ROS）文庫〉 昭和十九年六月 《臺北帝國大學新聞》（收入《東洋學文獻叢說》）

〈《法務贈大僧正唐鑑眞過海大師東征傳》附解說併考異〉 昭和二十一年六月 東方學術協會用寶曆十二年刊本景印（1.淡海三船撰，附錄神田喜一郎撰。2.收入《東洋學文獻叢說》。）

〈讀白樂天詩記〉(一) 昭和二十一年十一月 《東方學報》京都 十五卷三號

〈三百年前之澳門——CHARLES RALPH BOXER之近業〉 昭和二十一年十一、十二月《學海》三卷七、八號（收入《東洋學文獻叢說》）

〈洛陽伽藍記序箚記〉 昭和二十二年八月 《東洋史研究》新一卷五、六號

〈玉壺山人雜記〉 昭和二十二年八月 《支那學》十二卷五號

〈光明皇后御書樂毅論〉 昭和二十二年十月 《正倉院之研究》（上）

〈正倉院之墨寶〉 昭和二十二年十月 《學藝》四卷八號

〈話正史〉 昭和二十三年一月 《東光》二號

〈五山文學與塡詞〉　昭和二十三年一月　《東光》三號

〈文房清玩史話〉　昭和二十三年一月　《學藝》五卷一號

〈董其昌〉　昭和二十三年二月　《青木博士還曆記念中華六十名家言行錄》

〈狩野博士與敦煌古書〉　昭和二十三年四月　《東光》五號（收入《敦煌學五十年》）

〈胡適先生〉　昭二十三年五月　《世界人》一卷二號

〈豐田穰著《唐詩研究》序〉　昭和二十三年八月

〈古印之鑑賞〉　昭和二十三年九月　《學藝》五卷六號

〈內藤虎次郎著《目睹書譚》序〉　昭和二十三年九月　東京弘文堂

〈KARLGREN 氏之著述〉　昭和二十三年十月　《中國語學》二十號

〈故伯希和（P. PELLIOT）教授遺稿之刊行〉　昭和二十三年十月　《東光》六號

〈遊戲器具「投壺」〉　昭和二十三年十一月　《正倉院文化》

〈《李嶠百詠》雜考〉　昭和二十四年一月　《BIBLIA》一號

〈內藤虎次郎著《支那史學史》跋〉　昭和二十四年五月　（收入《敦煌學五十年》）

〈舊鈔本《文館詞林》解說〉　昭和二十四年七月　宮內廳書陵部影印本

〈東洋學關係佛典目錄〉(一)～(三)　昭和二十四年十月，昭和二十五年十一月　大谷大學東洋史學支那學研究室《大谷學報》二九卷一、三、四號，三十卷二號

〈被遺忘的塡詞作家野村篁園〉　昭和二十四年十二月　《人文研究》一卷一號
〈元文宗之風流〉　昭和二十五年十一月　《羽田博士頌壽記念東洋史論叢》
〈古印之鑑賞〉　昭和二十五年十一月　《書道》一號
〈隋唐的書法與書蹟〉　昭和二十五年十二月　《世界美術全集》第八卷
〈宋元時代的緇流塡詞作家〉　昭和二十六年一月　《佛教史學》二卷一號
〈有餘閒館漫筆〉　昭和二十六年五、九月，昭和二十七年二月　《雅友》創刊號、三、六號
〈鑑眞將來的二王之眞蹟〉　昭和二十六年六月　《大和文華》二號
〈宋元的書法與書蹟〉　昭和二十六年六月　《世界美術全集》第十四卷
〈懷德堂的文藝〉　昭和二十六年十月　《懷德》二十二號（收入《敦煌學五十年》）
〈追思王靜安先生〉　昭和二十六十月　《懷德》二十二號（與鈴木虎雄等）
〈中國的原始文字——甲骨文〉　昭和二十六年十一月　《墨美》六號
〈文房清玩史話〉　昭和二十六年十二月　《書道》二號
〈密庵咸傑的墨蹟〉　昭和二十七年一月　《墨美》八號
〈《萬葉集》是中國人寫的嗎？續貂〉　昭和二十七年一月　《國語國文》二十一卷一號
〈空海的《大日經》開題〉　昭和二十七年二月　《墨美》九號
〈宋代的書道——特涉革新派〉　昭和二十七年三月　《墨美》十號

〈宋槧《新雕入篆說文正字》解說〉　昭和二十七年三月　東京古典會景印本

〈金文學之發達〉　昭和二十七年四月　《墨美》十一號

〈《宋版說文正字》解說〉　昭和二十七年四月　《琳琅閣主人七十歲誕辰紀念特刊》（1.據東京成簣堂之藏書（共十四葉）影印一百五十部。2.廣文書局出版的《宋版說文正字》附有師大黃錦鋐教授譯的神田解說）。

〈中國古代的書法與書蹟〉　昭和二十七年五月　《世界美術全集》七卷

〈有關《古文尚書》的《經典釋文》之序錄〉　昭和二十七年七月　《人文研究》三卷七號

〈創元文庫本內藤虎次郎著《日本文化史研究》解說〉　昭和二十七年八月　《人文研究》三卷八號

〈吳昌碩〉　昭和二十七年八月　《墨美》十五號（神田喜一郎、園田湖城、長廣敏雄、小直三、須羽水雅等人之座談紀錄。）

〈被遺忘的顏眞卿之名蹟——鮮于氏離堆記〉　昭和二十七年九月　《墨美》十六號

〈舊鈔《文館詞林》解說〉　昭和二十七年十月　《書道》三號

〈開通褒斜道石刻〉　昭和二十七年十一月　《墨美》十八號

〈改七薌雜記〉　昭和二十七年十二月　《大和文華》八號

〈由中國訓詁學上所見的《日本書紀古訓考證》〉　昭和二十八年三月　《文史哲學會聯合編集

研究論文集》四（《研究論文抄錄誌》三）（見《支那學》十卷特別號）

〈明清的書法〉昭和二十八年六月《世界美術全集》二十卷

〈中國的古印〉昭和二十八年六月《墨美》二十四號（神田喜一郎、貝塚茂樹、園田湖城、梅原末治等人之座談紀錄。）

〈竹山先生的文學〉昭和二十八年十月《懷德》二十四號

〈江戶時代的唐樣〉昭和二十八年十一月《MUSEUM》三十一號

〈敦煌學五十年〉㈠、㈡昭和二十八年十二月，昭和三十一年十二月《龍谷史壇》三十八、四十一號（收入《敦煌學五十年》）

〈眞福寺本《遊仙窟》解說〉昭和二十九年一月 貴重古典籍刊行會影印本（用眞福寺藏文和二年（一三五三）鈔本影印，線裝一冊。）

〈中國書道史〉十——宋㈠ 昭和二十九年四月 平凡社《書道全集》第十五卷

〈中國書道史〉一——殷、周、秦 昭和二十九年九月 平凡社《書道全集》第一卷

〈古石刻〉昭和二十九年九月 平凡社《書道全集》第一卷

〈內藤湖南先生與《支那古代史》〉昭和二十九年九月《古代學》三卷三號（收入《敦煌學五十年》）

〈書蹟（解說）〉昭和二十九年十一月 每日新聞社發行《正倉院》

〈出席赫古的文化財條約之會議〉　昭和二十九年十二月　《文化財季刊》一號

〈沙士比亞的菩提寺〉　昭和二十九年十二月　《MUSEUM》四十五號

〈在禹域的絕海〉　昭和三十年一月　雅友社發行《絕海和尚與牛隱庵》（轉載於《雅友》二十三號）

〈黃山谷書《伏波神詞詩卷》解說〉　昭和三十年五月　東方文化刊行會影印本（1.卷子本。2.〈解說〉八頁。）

〈中國書道史〉七——隋、唐(一)　昭和三十年三月　平凡社《書道全集》第七卷

〈飛鳥奈良時代的文物制度〉(一)　昭和五十年五月　武田藥工發行收入《飛鳥奈良時代的文化》

〈書道與佛教〉　昭和三十年六月　《現代佛教講座》第四卷

〈尊者的餘技〉　昭和三十年七月　《慈雲尊者全集》（收入《敦煌學五十年》）

〈成爲《萬葉集》之骨骼的漢籍〉　昭和三十年八月　《萬葉集大成》二十卷

〈中國書道史〉十一——宋(二)　昭和三十年八月　平凡社　《書道全集》第十六卷

〈宋代禪僧之墨蹟〉　昭和三十年八月　平凡社　《書道全集》第十六卷

〈黃山谷書《伏波神詞詩卷》〉　昭和三十年九月　《大和文華》十七號

〈京洛遺聞〉　昭和三十年九月　《MUSEUM》五十四號

〈新發見的《般若心經》之注本〉　昭和三十年十月　《BIBLIA》五號

〈書的發生與開展〉　昭和三十年十月　《墨美》四十八號

〈三筆〉　昭和三十年十一月　平凡社　《書道全集》第十一卷

〈元明文化私見〉　昭和三十年十二月　《世界陶磁全集》第十一卷

〈中國書道史〉九——唐㈢、五代　昭和三十一年二月　平凡社　《書道全集》第十卷

〈中國書道史〉十二——元、明㈠　昭和三十一年八月　平凡社　《書道全集》第十七卷

〈東洋古活字本〉　昭和三十一年十一月　日本印刷學會關西支部發行《古活字本講演集》

〈陳列館的地下室〉　昭和三十一年十一月　《京都大學文學部五十年史》（收入《敦煌學五十年》）

〈唐賢首國師眞跡寄新羅義湘法師書解說〉　昭和三十一年十二月　東方文化刊行會影印本（1. 卷子本。2.〈解說〉三十頁。）

〈中國書道史〉八——唐㈡　昭和三十二年一月　平凡社　《書道全集》第八卷

〈中國的書籍〉　昭和三十二年二月　《世界》百三十四號（收入《敦煌學五十年》）

〈大衆與漢字〉　昭和三十二年四月　《言語生活》六十七號

〈日本書道史〉七——鎌倉㈡　昭和三十二年五月　平凡社　《書道全集》第十九卷

〈《茶經》《茶錄》《大觀茶論》解題〉　昭和三十二年五月，昭和三十三年六月　《茶道古典全集》第一卷（布目潮風譯，神田喜一郎解題。）

〈中國書道史〉五——南北朝(一)　昭和三十二年八月　平凡社　《書道全集》第五卷

〈日本塡詞史之一節——加藤明友與林家之一門〉　昭和三十三年十一月　《石濱先生古稀紀念東洋史論叢》

〈中國書道史〉二——漢　昭和三十三年十二月　平凡社　《書道全集》第六卷

〈CHINESE PICTORIAL ART AS VIEWD BY THE CONNOISSEAR〉　一九五八年　ROME: LSTITUTO LTALIANO PER IL MEDIO ED ESTREMO ORIENTE（SERIE ORIENTALE ROMA XLX）XVII, 537 R. H. VAN 編

〈中國書道史〉三——三國、西晉、十六國　昭和三十四年六月　平凡社　《書道全集》第三卷

〈中國書道史〉四——東晉　昭和三十五年三月　平凡社　《書道全集》第四卷

〈元板《說文解字篆韻譜》〉　昭和三十五年十月　《BIBLIA》十七號（黃錦鋐教授譯成中文刊入廣文書局說文叢刊《說文段氏箋》）

〈中國書道史〉十三——明(二)　昭和三十六年一月　平凡社　《書道全集》第二十一卷

〈元至元二八年的紺紙金銀泥書《華嚴經》〉　昭和三十六年三月　《美術史》四十

〈中國書道史〉十三、十四——明(二)、清(一)(二)　昭和三十六年一月　平凡社　《書道全集》第二十一卷

〈與陳鐵凡先生論《古文尚書》〉　民國五十年七月　台北《大陸雜誌》二十二卷二期

〈成爲董其昌的書論之基礎的東西〉　昭和三十六年七月　平凡社　《書道全集》第二十四卷
〈由中國書道史上所見的大谷探險隊之將來品〉　昭和三十七年三月　西域文化研究會編《中央亞細亞佛教美術》（京都　法藏館　《西域文化研究》第五）
〈敦煌本《李嶠百詠》〉　昭三十七年十月　《中國文學報》十七
〈成於中國之名家的寫刻本〉　昭和三十七年十月　《BIBLIA》二十三號
〈紅樓夢圖詠——由改七薌雜記——〉　昭和三十八年六月　《岩井博士古稀記念典籍論集》
〈中國山水畫與瀟湘八景圖〉　昭和三十八年七月　《古美術》二
〈慈覺大師將來外典考證〉　昭和三十九年四月　《慈覺大師研究》（1.福井康順編，東京天臺學會發行。2.與曾我部靜雄、森克己等四十三人合著。）
〈龔定庵的《秋夜聽俞秋圃彈琵詩》——由讀《定庵詩雜記》〉　昭和四十年八月　收入《石田博士頌壽記念東洋史論叢》
〈和習談義〉　昭和四十一年七月　《文學》三十四卷七號
〈玉壺山人之生涯㈠——清朝第一之美人畫家〉　昭和四十二年十二月　《中國學誌》四號
〈東傳日本的中國之書蹟〉　昭和四十三年八月　《東洋美術》第二卷
〈中國的裝飾經〉　昭和四十四年四月　《大和文華》五十號
〈在《肇論研究》中所見慧達「序」之讀法的我見〉　昭和四十四五月　《佛教學SEMINAR》

〈董其昌之思想〉　昭和四十五年三月《禪學研究》五十八(福島俊翁教授喜壽記念特集:《禪與東洋思想之諸問題》)。

由上述可知，神田博士研究學術的範圍，實兼及東西洋，而時代則是貫通古今的。他一方面注意義理的闡發，同時也體會乾嘉樸學大師實事求是的治學精神，加上絲毫不苟的科學態度，構成他喧赫的學術成績。由前列論文目錄可以窺知:他戰前偏重考據，戰後則兼究禪理、藝術，自得三昧之境。他的爲人學德兼備，文質彬彬，眞能使讀者味之無窮，愛不忍釋。這樣多采多姿的著作，其質與量，即使放在我國，也是不可多得的，實値得吾人景仰效法。因《國語日報》〈書和人〉的編者有所囑咐，特爬羅國立中央圖書館典藏之有關資料，加以見聞所及，撰成本篇，惟僅能寫出其犖犖大者而已。執筆時，復承蒙臺灣大學吳從宜教授供給許多寶貴資料，使本篇能充實;臺灣大學圖書館黃快治女士且惠示神田博士的親筆書信，使烏石山房文庫遷入臺灣之一段掌故更加詳細，特此致謝。

國立中央圖書館出版品預行編目資料

中日關係史研究論集(二) / 鄭樑生著. -- 初版
. -- 臺北市 : 文史哲, 民81
面 ; 公分. -- (文史哲學集成 ; 249)
ISBN 957-547-099-0 (平裝)

1. 圖書 - 中國 - 歷史 2. 中國 - 文化
關係 - 日本

011.3 ○ 81000502